TEXTOS
DE AYER Y DE HOY

TEXTOS
DE AYER Y DE HOY

Frank Vecchio
Portland State University

John Wiley & Sons
New York   Chichester   Brisbane   Toronto   Singapore

ACKNOWLEDGMENTS

Acknowledgments for permission to adapt and reprint original material are appreciatively extended to the following:

Herederos del Doctor Marañón: All sections of *Ayer* credited in the footnotes to Gregorio Marañón.

Cambio 16   (Sr. Félix Lázaro—Chief Editor) for the following selections:

"Humo en las aulas" #529; "El flamenco" adapted from "Cante por derecho" #525; "El humor" adapted from "El que ríe el último" #583; "Lo mejor de España" adapted from "¡Qué ideas!" #545; "Los estudiantes pasan" #546; "Jogging" #585; "La fiesta nacional" #193; "Juegos" adapted from "El futbolín era un amigo" #517; "Agresión contra la mujer" adapted from "A las 500 va la vencida" #575; "El pecado de ser joven" and "El joven de hoy" #522; "Patriotas" #525; "El 'rollo' pasota" #382; "Flores marchitas" #536; "Dime que coche tienes y te diré quien eres" #511; "Más modelnos todavía" #522.

Mundo Hispánico   (J. L. Castillo-Puche, Editor) Sept. 1976: "Los juegos olímpicos" and "El estudiante ante sí mismo".

Nueva   (Pedro Ramón Salinas, Secretario de Redacción): "La mujer de hoy y ayer" IV, #7; "¿Soy como me veo . . . o no?"; 4/82.

Dunia   (Wolfhart Berg, Director Ejecutivo): "Electrifícate" #124; "Empieza con buen pie" #103.

ILLUSTRATIONS AND CARTOONS

Cambio 16   for Ballesta, Máximo, Mingote, Cebrián, Forges, Eguillor; "Bullfighters" p. 82; "Las ensaladas de Clara" p. 167; "Chequeo Cambio 16" p. 172; "Los modelnos" pp. 174, 176. **Dunia** for "Un buen desayuno" p. 33; "Spanish styles" p. 150. Chevrolet p. 170. Courtesy General Motors Corporation. Prado museum for El Greco's "Resurrection." The New York Public Library, Prints Division for etchings of Goya's "Caprichos."

Library of Congress Cataloging in Publication Data:

Vecchio, Frank.
   Textos de ayer y de hoy.

   English and Spanish.

   1. Spanish language—Conversation and phrase books.
2. Spanish language—Readers—Spain.   3. Spanish
language—Text-books for foreign speakers—English.
4. Spain—Addresses, essays, lectures.   I. Title.
PC4121.V37   1985   468.3'421   84-19601
ISBN 0-471-80607-2

Printed in the United States of America

10 9 8 7 6 5 4 3 2 1

PREFACE

Textos de ayer y de hoy   is a textbook for students who have acquired the fundamental skills for communication in Spanish and now are ready to expand this basic knowledge through spontaneous practice. Extensive glossing is provided so that the text may be introduced at the intermediate level of study. The material, however, is appropriate for any level beyond that.

Organization

Textos de ayer y de hoy   is comprised of six chapters, each divided into two parts: *Ayer* and Hoy. The Ayer sections are made up of short selections from the works of Gregorio Marañón. Often these excerpts ring with a timely note, at other times their actual dated statements germinate the kind of controversy that is always welcome in a conversation class. Vocabulary exercises are followed by suggested themes for compositions and conversations. These are designed to elicit far-ranging discussions. The *Hoy* sections include edited articles which have appeared in Spanish magazines. As in *Ayer,* these short pieces adhere to the central theme of the chapter. Their purpose is to present up-to-date information concerning Spanish culture and language. Each section contains suggestions for activities, which foster vocabulary learning, linguistic creativity, and general communicative facility.

A vocabulary at the end of the book contains all the words necessary to facilitate the students' comprehension of the text.

CONTENIDO

TO THE STUDENT

As you learn Spanish you will speak more spontaneously if the ideas that you want to express are important to you. Because the subject matter is important, and you are familiar with it, you will be more inclined to share your opinions with others and you will be willing to take more linguistic risks.

TEXTOS DE AYER Y DE HOY presents social-cultural themes that should prompt you to compare them to similar topics in your own culture. The purpose of the text is to help you develop the following skills: reading, writing, comprehension, and oral language production.

Reading We read in order to extract information from a written passage. To be competent in this task, even in our native language, we must make intelligent guesses that we later accept or reject as the reading progresses. You should not rely entirely on the exact meaning of isolated words. Never look up a word until absolutely necessary. Read the entire passage first and employ "fill-in" techniques that come naturally to you. Learn to recognize the meaning of separate prefixes and suffixes, of cognates, and of compound words. You will notice that the usual comprehension exercises are not to be found in the text; this is to encourage you to express your own thoughts. Reading is not an isolated language skill; assiduous practice will promote comprehension and fluency in oral language production.

Writing This should be a spontaneous activity. All writing should be done in Spanish—never translate from English. In the book are a number of suggested topics for composition, and the conversation themes lend themselves very well to this activity. You should not be restricted by assignments. Challenge your imagination, express your thoughts spontaneously.

Speaking Total language production is most rewarding to the learner if it is expressed orally. You should, therefore, inform yourself of the subject matter as well as you can. The topics in *Ayer* are usually controversial and familiar, and this promotes incentive for speaking. The *Hoy* themes are very current and prod curiosity. Do not be hesitant; learn as much of the pertinent vocabulary as you can and then be willing to share information with others. Try not to express yourself in simple sentences. Above all, be willing to take risks and don't be afraid to make mistakes. Participate in the discussions of ideas by sharing your own personal experiences.

INTRODUCCION

Gregorio Marañón

GREGORIO MARAÑON

Gregorio Marañón y Posadillo nació en Madrid, el 19 de mayo de 1887. Su padre, un ilustre abogado, tenía una gran biblioteca cuyos libros Marañón leyó de niño. Durante sus años de estudiante era evidente la inclinación del joven Marañón hacia la medicina. En el año 1902 inició sus estudios médicos y así empezó la ilustre carrera de la más destacada figura de la medicina española.

Como tantos hombres sensibles de su generación, Marañón adquirió una conciencia histórica y social que le llevó a manifestar una honda preocupación por la realidad de su patria, la cual, según el juicio del pensador, "sufría de inmadurez política, pese a la antigüedad de su historia; insuficiencia de su desarrollo intelectual y científico, no obstante la valía y la obra personal de quienes están siendo sus maestros e injusticia habitual de una sociedad a cuya estructura pertenece de manera tan patente la miseria". (p. xvi)

juicio / *judgment*
pese a / *in spite of*

no obstante / *in spite of*

En cuanto a su generación, Marañón la compara a la generación del 98[1]. "Generaciones ambas de crisis, de renovación universal irreprimible. Y por esto, generaciones en el fondo doloridas; porque hemos visto claro el porvenir y no nos ha sido dado todavía el lograrlo". (p. xx)

en cuanto a / *regarding*

irreprimible / *irrepressible*
en el fondo / *at heart*

lograr / *to attain*

Marañón, a pesar de su intervención en la vida política española, no fue político de oficio sino un intelectual que deseaba una España en la que se unificaran "la libertad civil, la jerarquía, el decoro moral, el fervoroso cultivo de la inteligencia y la eficacia técnica". (pp. xxix–xxx) Este anhelo, que estaría lejos de cumplirse con la dictadura del general Primo de Rivera, le llevó a demostrar su disconformidad y oposición al régimen de gobierno y, aunque no intervino directamente en la conspiración civicomilitar contra la Dictadura en 1926, fue recluido por un mes en la Carcel Modelo de Madrid.

anhelo / *longing*

recluido / *interned*

La década entre 1926 y 1936 ha transcurrido para

---

1. Esta generación literaria coincide con la guerra del 1898. Brota como reacción europeizante a la política, arte, literatura, etc. de generaciones precedents.

Marañón en plena actividad profesional, literaria y social. Continuó opinando libremente acerca de la nueva realidad política española; siempre confiando en un nuevo orden de libertad y justicia. En 1937, durante la guerra civil en España, Marañón se traslada a París donde residió hasta el 1943 y convivió con otros artistas, literatos y científicos españoles y, además de su quehacer profesional, cultivó la erudición histórica, y el ensayo literario, actividades intelectuales que hicieron de él un distinguido pensador y escritor. Su estancia en París fue interrumpida por dos viajes que hizo a Latinoamérica donde dio una serie de conferencias.

Sus años de exilio voluntario permitieron al pensador lograr una definitiva revisión de si mismo, un examen de conciencia que produjo un descubrimiento de su país, de América y de su conciencia histórica como europeo o simplemente como hombre. "Los años que viví allí durante la guerra fueron, creo yo, los fundamentales de mi vida; porque trabajé mucho, libre de obligaciones sociales; porque viví a la fuerza modestísimamente, pero con el encanto de vivir en Francia; porque tuve también tiempo y antes no lo había tenido, de conocerme a mí mismo; y, finalmente, porque en relación con España tuve un dolor y, a la vez, una satisfacción de conciencia . . ." (p. xxxvii) Esta mirada introspectiva tuvo como criterio el liberalismo del pensador que proclama la exigencia de la justicia social y el amor al débil.

En 1943 regresó a España y continuó la interrumpida labor de profesor al mismo tiempo que siguió ejerciendo su profesión médica. Marañón vuelve a ser "figura nacional". A través de su obra médica dio a conocer su personal idea de la biología humana. Son muy conocidas las ideas de Marañón sobre la biología del sexo. Su pensamiento procede de una noción del sexo como función integral de la naturaleza humana, y junto a sus aportaciones puramente biológicas aparecen otras teorías de la sexualidad humana con índole psicológico o social, como el vestido, trabajo, deporte, intersexualidad, etc.

A través del ensayo el gran médico añadió su búsqueda de la verdad y del bien. El pensador aquí se enfrenta con los deberes del hombre por el hecho de ser un ente humano, o sea, la aceptación responsable

confiar / *to have confidence in*

quehacer / *work*

conferencia / *lecture*

a la fuerza / *forcibly*

a la vez / *simultaneously*

débil / *underdog*

ejercer / *to practice*

aportaciones / *contributions*

índole / *character*

ente / *being*

de la condición humana. El moralista clasificó la vida humana en cuatro etapas, cada una con su deber característico. Estos son: la obediencia, deber primario de la niñez; la rebeldía de la juventud; la austeridad de la madurez y la adaptación, deber de la ancianidad. Cabe explicar aquí que la rebeldía, según Marañón, es un deber que consiste en no aceptar la injusticia y arbitrariedad de los demás y, por lo tanto, es el impulso que mueve al joven hacia un ideal realizable como sería luchar por un mejoramiento en la estructura social del país.

Unido a todos estos deberes, se encuentra ante todo el amor a la patria, la cual incluye la tierra propia y la gente que vive en ella. Marañón conoció y amó profundamente la tierra patria. En Cuzco, al ser nombrado doctor *honoris causa*, pronunció las siguientes palabras: "Soy español: y un español que siente, hasta la medula de sus huesos, hasta los rincones más hondos de su alma, el orgullo de serlo". (X, p. 13) Escribió sobre los diferentes aspectos y costumbres españolas como la historia, el idioma, la cocina, el vino, las fiestas, etc. Pero su patriotismo no fue ciego; permaneció unido a un espíritu crítico y reformador.

La singularidad del Dr. Marañón se advierte en su modo de conducta y en toda su obra. Su enorme producción científica y literaria; su labor de médico; su magisterio en el instituto; su intervención en la vida pública española; su inmensa laboriosidad; su amor al viaje, al coloquio y a la lectura; su devoción por la amistad; su concepción del humanismo; su gusto por la claridad y el espíritu académico y su amor al pueblo humilde configuran una personalidad dotada de múltiple talento.

Este gran médico, gran historiador y gran ensayista murió en 1960, en su hogar madrileño, dejando a España el tesoro de su inmensa producción.

deber / *duty*

cabe / *it's fitting*

por lo tanto / *therefore*

medula / *marrow*

permanecer / *to remain*

magisterio / *teaching*

dotada / *endowed*

EJERCICIOS

I. PREGUNTAS

1. ¿Qué profesión ejercía el padre de Marañón y qué influencia tuvo su biblioteca sobre la formación cultural de su hijo?

2. ¿Cuáles fueron las ventajas de la convivencia de Marañón con otros artistas, literatos y científicos españoles en París?

3. ¿Cuál era la actitud del pensador frente a la sexualidad humana?

4. ¿Qué opina Marañón sobre la realidad política española de aquella época?

5. ¿Cómo clasifica la vida humana?

6. ¿Cuáles serían algunos adjetivos que descubirían la persona de Marañón?

7. ¿Dónde vivía Marañón cuando estalló la guerra civil en España?

8. ¿Cuál es la actitud de Ud. frente al débil? ¿la de Marañón?

9. ¿De qué lado estuvo Marañón durante la guerra civil?

10. ¿De qué parte de España procede Marañón?

11. Mencione algunos de los juicios de Marañón sobre su generación.

12. Según Marañón ¿de qué sufría España?

13. ¿Cuáles son los elementos que la generación del '98 comparte con la generación de Marañón?

14. ¿Cuál era la visión de España que tenía el Dr. Marañón?

15. ¿Por qué interrumpió su estancia en París?

16. ¿Comó juzga Marañón sus años de exilio en París?

17. ¿Por qué la rebeldía, según Marañón, es un deber de los jóvenes?

18. ¿Cuál es la idea del patriotismo marañoniano?

II. ESTUDIO LÉXICO

Llene los espacios en blanco según el modelo:

Inglés	Español	Derivaciones
library	biblioteca	bibliografía, bibliotecario
bookstore	librería	libro, librero
_____	cursar	_____, _____
_____	historia	_____, _____
_____	licencia	_____, _____
doctor	_____	_____, _____
_____	patria	_____, _____, _____
dictator	_____	_____, _____
opinion	_____	_____, _____
_____	conferencia	_____, _____
_____	médico	_____, _____
_____	obedecer	_____, _____

ESPAÑA HOY

Tres importantes factores han sido siempre los más influyentes en la historia de España: la iglesia, el ejército y la nobleza como clase dirijente. Estos tres elementos fueron los responsables de la derrota de la república española y de la dictadura fascista de Francisco Franco que gobernó la nación durante casi cuarenta años. Irónicamente el mismo régimen que nació para proteger estas facciones fue el que, finalmente, secularizó, democratizó y proletarizó la España de hoy.

ejército / *army*

derrota / *defeat*

La guerra civil del 36 dejó a España devastada y aislada. El bienestar económico de sus vecinos europeos no alcanzó la la península ibérica hasta la década de los 60. Tres influencias exteriores ayudaron a la complicada transición social de una sociedad arcáica a una democracia moderna: el influjo del turismo que llegó a España al comienzo de la década, el advenimiento de la televisión que abrió una ventana al resto del mundo, y un masivo éxodo rural.

bienestar / *well-being*

alcanzar / *to reach*

España había sido siempre básicamente una sociedad rural que manteína celosamente los valores eternos dictados por la iglesia y la tierra. La población de la España moderna vive principalmente en ciudades tras haber abandonado casi totalmente los campos y las viejas costumbres y valores. Este éxodo masivo fue un instrumento eficaz en la producción de nuevas clases sociales.

celosamente / *zealously*

eficaz / *effective*

Una especie de consorcio de la aristocracia agraria y la burguesía financiera había sido siempre la fuerza económica de España. La nueva urbanización alimentó una incipiente industrialización iniciando así la transformación social de las clases trabajadoras. Un proletariado moderno y una nueva elite industrial-financiera nacieron. En 1969 los obispos españoles emitieron un comunicado conjunto en el que atacaban la nueva tendencia hacia la secularización en la modernización de España. Específicamente culpaban a la nueva industrialización al éxodo a las ciudades, a la incorporación de las mujeres a las filas trabajadoras, y a la distorsionada imagen de vida ejemplarizada por el turismo y la televisión.

obispo / *bishop*
comunicado / *official notice*
conjunto / *joint*

culpar / *to blame*

Puerta del Sol, Madrid.

La nueva sociedad española, de hecho, estaba sumergiéndose en las aguas del consumerismo del oeste. Automóviles, televisores, vacaciones, y nuevos estilos de vestidos fueron la medida de un nuevo y más alto nivel de vida de las masas. La nueva sociedad consumista se despojó de los viejos valores y costumbres. Durante los fines de semana o durante las vacaciones pagadas, las clases trabajadoras abandonaban las pobladas ciudades en búsqueda de más agradables ambientes. Los festivales tradicionales en las ciudades, tales como procesiones religiosas o festejos, todavía tenían lugar, pero ahora el énfasis había cambiado a mera conservación de tradiciones folklóricas.

El papel de las mujeres en la nueva sociedad ha cambiado también. La mujer no sólo se ha incorpo-

de hecho / *in fact*

despojarse / *divest oneself*

papel / *role*

rado como un igual en la fuerza trabajadora sino que también ha asumido un papel más importante en los asuntos domésticos así como en los cívicos y políticos. En toda España las mujeres empiezan a ocupar importantes posiciones en todos los sectores de la vida.

El concilio vaticano II trajo al catolicismo una conciencia de justicia social. Esto, y el énfasis hacia la educación secular en España ayudó a avivar la llama de la liberación y la tolerancia. Las rígidas expectaciones morales y sociales de la antigua sociedad autoritaria comenzaron a suavizarse. Las escuelas abrazaron más principios democráticos, y los padres influenzados por las costumbres europeas y americanas, se volvieron más permisivos con sus hijos. Se desarrolló una nueva generación de españoles que abrazó las ideas europeas y americanas. Esto se manifiesta en la nueva e informal manera de vestir, el nuevo sonido en la música, la popularización del "rock" y su influencia en el estilo de vida juvenil, y los nuevos valores sociales y morales que caracterizan el feminismo español. La casuística tradicional: virginidad, fidelidad, maternidad, fe, representaba la moralidad de la España católica; la nueva secularización la ha substituido por otra que contiene la libertad sexual, el divorcio, el aborto.

Los cambios sociales que comenzaron en los años 60 han traído a España a una inevitable reforma política. La moderna sociedad proletaria española, en asociación con una intelectualidad libre, demandaba una transformación política que condujera a su país a una completa asociación con Europa. Las elecciones de 1977 que trajeron la democracia a España también trajeron a los españoles más cerca a sus vecinos europeos.

avivar / *revive, brighten*

suavizar / *ease, soften*

conducir / *to lead*

1
EL ALMA DE ESPAÑA

Ni así la distingue.

¿Cómo ha de distinguirla? Para conocer lo que ella es no basta el anteojo; se necesita juicio y práctica del mundo y esto es precisamente lo que le falta al pobre caballero.

AYER

LA ESPAÑA DE MARAÑÓN

El sueño de España

España puede entusiasmar o indignar (*irritate*), pero defrauda jamás. Los contrastes inesperados (*unexpected*) de su paisaje y de su humanidad hieren, a veces, como dientes; pero acaban engranándose (*interlock*) en los de la emoción del viajero. Entonces el gran mecanismo del sueño está en marcha, porque España es como un sueño, con su elemento de ventura (*chance*) y su parte de pesadilla (*nightmare*); mas un sueño del que no se quisiera despertar y del que nunca se despierta del todo.   (O. C., p. 14)

COCINA CASTELLANA

La cocina castellana elabora variadas suculencias; una perdiz estofada al uso de Toledo; una rosada trucha, cocida, con salsa de cebollas, como se adereza en la tierra de Santa Teresaº; citaré también las humildes, pero sabrosas migas, alimento de pobres y ricos, hechas con casi nada (pan, sal, pimentón y torreznos sarteados en aceite); el ajo arriero, con el que se adoba el bacalao o Truchuela, convirtiéndolo en bocado finísimo, a pesar del abundante ajo, siempre excelente y saludable, a pesar de su villanía; plato difícil de confeccionar para quien no posea el tino empírico de su punto; pero, con todo, no raro de hallar en los figones del camino o en las posadas pueblerinas.

Pieza maestra de la cocina castellana es también el pisto, cuya variedad más conocida es la manchegaº, pero que pertenece a toda la meseta central, desde donde se irradió a la Península entera y atravesó triunfalmente el inexpugnable Pirineo. El pisto, a base de pimiento y tomate, admite inacabables matices y es siempre ejemplar, porque convierte en suculencia, a fuerza de gracia, una sucinta combinación de vegetales modestísimos.

perdiz estofada / *partridge stew* • **trucha** / *trout* (**rosada** se aplica al color de la carne)
aderezar / *to prepare, to season* • ºof Avila (1515–82) • **migas** / *fried crumbs*
torrezno / *slice of bacon*
arriero / *(muleteer) ordinary* • **adobar** / *dress, prepare* • **bocado** / *morsel, mouthful*

villanía / *lowliness, humbleness*
confeccionar / *to prepare* • **tino** / *knack, ability*   **punto** / *in culinary language: the point of perfection* • **figón** / *tavern, eatery* •
posada / *inn*
pisto / *dish of fried vegetables*
ºde La Mancha, provincia de España

inexpugnable / *impregnable*
matiz / *nuance*

Marañón: *El Alma de España* (1955), O. C. X, p. 572.

Paella.

EJERCICIOS

I. ESTUDIO LEXICO

A. *¿Qué palabras en el texto corresponden a las definiciones que siguen?*

1. _____ preparar la comida con condimentos.
2. _____ pedazo de tocino.
3. _____ porción de comida que se toma de una vez.
4. _____ habilidad de hacer alguna cosa.
5. _____ lo que da a las cosas un carácter determinado.
6. _____ de sabor agradable.
7. _____ pedacitos de pan.
8. _____ dorar una vianda en aceite.

B. *Llene cada espacio con el sinónimo adecuado.*

1. elaborar _____

2. alimento _____

3. guisar _____

4. mordisco _____

5. destreza _____

6. gustoso _____

7. figón _____

C. *Basándose en el texto exprese parafrásticamente las palabras de la lista de arriba.*

1. _____

2. _____

3. _____

4. _____

5. _____

6. _____

7. _____

II. TEMAS DE CONVERSACION

1. ¿Cuáles son los platos que dan fama a la cocina castellana?

2. ¿Es la cocina castellana parecida a la de los países latinoamericanos? ¿Podría dar Ud. algún ejemplo?

3. ¿Por qué Marañón se refiere al ajo como arriero?

4. Dé la receta de un plato español que a Ud. le gustaría preparar.

5. ¿Cuáles son los productos alimenticios más comunes que Ud. usa?

6. ¿Qué productos y utensilios se necesitan para guisar (cocinar) y preparar un menú gastronómico?

7. ¿Qué relación hay entre la industrialización de un país y su manera de alimentarse?

III. COMPOSICION

Conteste una carta de un amigo de España que pide información sobre la cocina típica americana.

EL VINO

Los médicos, cuando se nos ha pasado la hora de la pedantería juvenil, sabemos que todas las enfermedades, las reales y las imaginadas, que son también muy importantes, pueden reducirse a una sola: a la tristeza de vivir. Vivir, en el fondo, no es usar la vida, sino defenderse de la vida, que nos va matando; y de aquí su tristeza inevitable, que olvidamos mientras podemos, pero que está siempre alerta. La eficacia del vino en esta lucha contra el tedio vital es incalculable.

¡Cuántas horas de optimismo debemos todos a una copa de vino bebida a su tiempo! ¡Cuántas resoluciones que no nos atreveríamos a tomar, y cuántas horas de amorosa confidencia, y cuántas inmortales creaciones del arte!

A mí me duele que sean los médicos los que regateen estos privilegios del vino, porque nosotros, los médicos, sabemos mejor que nadie que no es justo regatearlos. Y acaso estos doctores enemigos del buen vino son los mismos que tienen la pluma expedita para recetar las numerosas drogas que actúan sobre el sistema nervioso de un modo semejante al alcohol, con la diferencia de que éste acaricia el cerebro y le persuade dulcemente a la acción y aquellas medicinas le empujan a manotazos.

la hora / *the time*

en el fondo / *in the end*

de aquí / *hence*

copa / *glass* • **a su tiempo** / *at the right time* **atreverse** / *to dare* **confidencia** / *confidences*

me duele / *it grieves me* • **regatear** / *to duck, dodge*

expedita / *ready, fast* • **recetar** / *to prescribe*

manotazos / *blows, slaps*

Marañón: *Cátedra del vino* (1955), O. C. X, p. 580.

EJERCICIOS

I. ESTUDIO LEXICO

A. *Escoja del grupo B la palabra que es el sinónimo de cada palabra del grupo A.*

A.		**B.**	
tedio _____		**1.**	osar
copa _____		**2.**	secretos
atreverse _____		**3.**	aburrimiento
confidencias _____		**4.**	bofetada
manotazo _____		**5.**	prescribir
recetar _____		**6.**	vaso

B. *¿Qué palabras de arriba corresponden a las definiciones que siguen?*

1. _____: tener valor para enfrentarse con alguien.

2. _____: estado de ánimo del que no encuentra interés en la vida.

3. Hacer _____: acción de comunicar secretos a alguién.

4. _____: prescribir un medicamento.

5. _____: golpe dado con la mano.

C. *Utilice las frases que siguen en oraciones originales.*

1. En el fondo _____

_____

2. De aquí _____

_____

3. A su tiempo _____

_____

4. Mejor que nadie _____

_____

5. Me duele _____

_____

II. TEMAS DE CONVERSACION

1. ¿Por qué piensa Marañón que vivir no es usar la vida sino defenderse de la vida?

2. ¿Qué eficacia tiene el vino en la lucha contra el tedio que produce nuestro actual sistema de vida?

3. ¿Por qué cree Ud. que el sistema de vida americano ha impuesto como bebidas la cerveza, los licores y los refrescos más que el vino?

4. ¿Qué efectos beneficiosos y perjudiciales tiene la ley americana sobre el alcohol en la juventud?

5. Exponga su opinión acerca del papel que desempeñan (realizan) el vino y la buena cocina en una sociedad civilizada.

6. Discuta Ud. la tesis de Marañón que el vino acaricia el cerebro y las drogas le empujan a manotazos.

EL CANTE JONDO[1]

El gran músico español, Manuel de Falla, comenta el origen oriental de las melodías de esas coplas, que vinieron, como semillas traídas por el viento o por pájaros misteriosos, desde la orilla oriental del Mediterráneo para florecer en la tierra andaluza. Son, en suma, aires semitas, cantos judíos convertidos al cristianismo en España. Lo mismo que los cuadros de Theotocópuli°.

Hay cuadros de "El Greco", como la *Resurrección*, del Prado°, cuyo juego de ascensión del tema central, la figura del Cristo, sobre el contrapunto de las otras figuras, que oscilan hacia arriba y hacia abajo en un supremo e inacabable temblor de humanidad; hay cuadros, como éste, que parecen pintados al son de los trémolos de una guitarra y al compás de las palmas rítmicas de los acompañantes del "cantaor".

Un comentador de "El Greco" dice de este cuadro que "parece una explosión que está conteniendo, antes de estallar, su empuje formidable". Esto mismo son las coplas del cante jondo: explosiones del corazón que escapan por las rendijas de unos versos, sin acabar nunca de estallar.

coplas / *verses*

andaluza / *from Andalucia, a region in the south of Spain*

°Dominico Theotocópuli: verdadero nombre de El Greco
°un museo de Madrid

temblor / *quivering*

al compás / *to the beat*
palmas / *clapping* • **cantaor** / *flamenco singer*

estallar / *to burst*

rendija / *crack, slit*

---

1. *Cante jondo* (*jondo* es la pronunciación andaluza de *hondo*) es una modalidad del cante flamenco de tono melancólico y de expresión grave. Se opone al *cante chico* que generalmente es más alegre.

Marañón: *Elogio y nostalgia de Toledo* (1943), O. C. X, pp. 355–56.

EJERCICIOS

I. ESTUDIO LEXICO

A. *¿Qué palabras en el texto corresponden a las definiciones que siguen?*

1. _____ composición breve cantada con alguna música popular
2. _____ melodía añadida a otra como acompañamiento
3. _____ principiar una cosa bruscamente y con ruido
4. _____ acción de apretar contra algo o alguien
5. _____ abertura larga y muy estrecha

B. *Haga oraciones originales empleando las palabras que siguen.*

1. (estrofa) _____
2. (temblar) _____
3. (en suma) _____
4. (estremecerse) _____
5. (inacabable) _____
6. (oscilar) _____

C. *Sustituya la parte en cursiva por una de las palabras o frases que se encuentran en el texto.*

1. Eso ha sido la *causa* (_____) de la discordia.
2. Este año veraneamos al *borde* (_____) del mar.
3. No es muy guapa de cara pero tiene *buenas líneas* (_____).
4. El prisionero estaba procurando *huir* (_____) de la cárcel.
5. *En pocas palabras* (_____), no me conviene.
6. Es una mujer ya entrada en años pero *tiene el aspecto* (_____) joven.

II. TEMAS DE CONVERSACION

1. ¿De dónde proviene el *cante jondo?* según Marañón.
2. ¿Piensa Ud. que la relación que hace Marañón entre los cantos judíos y los cuadros de El Greco es acertada? Comente.
3. Examine la representación del cuadro de El Greco "La Resurrección"; discuta su importancia en clase y luego opine sobre las preguntas que siguen.

a. ¿Por qué dice Marañón que "el cuadro parece pintado al son de los trémolos de una guitarra"?

b. ¿Qué hay en el cuadro que nos haga pensar en "una explosión que está conteniendo, antes de estallar, su empuje formidable"?

LA RISA Y EL INGENIO

Hay una señal muy segura para reconocer el ingenio, que es la risa. Los hombres de gran imaginación pueden ser muy graciosos, pero no sé rien. El que todo lo celebra a carcajadas está, sin duda, falto de imaginativa. La risa supone que el cerebro se sorprende del dicho, y esto no ocurre cuando la imaginación está despierta.

Habría que hacer a esto una objeción: el español es clasificado por Huarte[1] como de imaginación escasa, y, sin embargo, es el pueblo que menos se ríe del mundo, sobre todo si se le compara con las gentes centroeuropeas, propensas a la ruidosa hilaridad. Cuando yo era estudiante, acudíamos, en una población de Alemania, a un café muy popular, los españoles e italianos, reuniéndonos en dos mesas entre las ocupadas por los alemanes, y un mozo viejo, que nos servía una noche de gran controversia, a voces, por no sé qué asunto de política, nos dijo esto: "A los meridionales se les conoce porque gritan mucho y se ríen poco." Aquel buen hombre estaba, en este punto, más cerca de la verdad que Huarte.

gracioso / *charming, witty*
carcajadas / *burst of laughter* • **estar**
falto / *to lack*

despierto / *awake, sharp*

escasa / *limited*

propenso / *prone to*
acudir / here: *to congregate, hang out*

mozo / *waiter*

meridional / *southern*

EJERCICIOS

I. ESTUDIO LEXICO

A. *Escoja en el grupo A la palabra que es el sinónimo de cada palabra en el grupo B.*

A.		**B.**	
1.	gracioso	limitado	_____
2.	carcajada	simpático	_____
3.	escaso	llegar	_____
4.	mozo	inclinado	_____
5.	acudir	risotada	_____
6.	propenso	camarero	_____

1. Juan de Dios Huarte, escritor renacentista.

Marañón: *Tiempo viejo y tiempo nuevo* (1943), O. C. X, pp. 595–96.

B. *Defina o explique en español las palabras del grupo A.*

1. _____

2. _____

3. _____

4. _____

5. _____

6. _____

C. *Llene los espacios vacíos con palabras o frases que aparecen en el texto.*

1. Tomás es muy _____ al resfriado.
2. El cómico del circo me hizo reír a _____.
3. Ayer el profesor no _____ a la clase.
4. El estudiante flojo tiene _____ probabilidades de éxito.
5. El novio de Susana es muy _____.
6. En el hotel Juan tiene ahora un nuevo oficio, es _____ de comedor.

II.   TEMAS DE CONVERSACION

1. Relate Ud. la anécdota alemana y explique el sentido de la misma.
2. Interprete Ud. la tesis de Marañón sobre la relación entre la imaginación y la risa.
3. Enumere y analice las diversas clases de humorismo.
4. ¿Cuáles de estas formas prefiere Ud.?
5. ¿Qué relación hay entre cultura, tradición y humor?
6. ¿Por qué se dice que el humor no puede traspasar fronteras?

III.   DISCUSION

Discutan Uds. en clase el tema siguiente:
"El humor y las generaciones"

HOY

LA BUENA MESA EN ESPAÑA

El gusto de la cocina es la alegría del vivir, es la asimilación de todo un significado histórico. La cocina española en toda su sencillez y sabor es una cocina que remonta a la antigüedad de la península ibérica en sus diferentes modos de guisar, aderezar, y conservar los productos naturales de todas sus regiones.

sencillez / *simplicity* • **sabor** / *taste, flavor*
remontar / *to go back to*
guisar / *to cook* • **aderezar** / *to prepare*

Dos elementos fundamentales, el ajo y el aceite, han sido heredados de los romanos. Los celtas, en cambio, no conocían el aceite, y para guisar empleaban la grasa de los animales. De la fusión de las dos culturas, la celta y la romana, surgió el carácter distinto de la cocina española.

ajo / *garlic*

La invasión árabe introdujo en España muchos productos procedentes de Persia y de las Indias—el azafrán, el arroz, especias, hierbas aromáticas. Descendiente soberana de esta mezcla cultural es la sabrosa paella de Valencia. Aquí el arroz tiene su guiso particular que es una suculenta manera de aderezarlo con azafrán y toda clase de carne, legumbres, pescado y mariscos en una sartén especial puesta sobre un fuego de leña.

azafrán / *saffron*
soberano / *superb, sovereign*

mariscos / *seafood* • **sartén** / *frying pan*

Con el descubrimiento de América nuevos productos de gran importancia—patatas, tomates, pimientos, cacao—se incorporaron a la cocina española. Pero también hay que notar al mismo tiempo su extensión y evolución en Europa y en América. En estas tierras abundan los platos nacionales que revelan la procedencia de España. Basta citar, por ejemplo, la "olla podrida" que se convierte en el francés "pot-au-feu" o el "alioli" de las islas Baleares (Mahón) que los franceses llevaron a su patria con el nombre de "mayonnaise".

olla podrida / *Spanish stew*
alioli / *garlic and olive-oil sauce*

Junto a la cocina ¿cómo no hablar de los vinos? Al igual que la cocina los vinos de España son variados y fascinantes. Los vinos andaluces° se aprecian especialmente para el aperitivo o la sobremesa. Los finos°, la manzanilla°, y el jerez° tienen gran aroma. Para la mesa hay gran diversidad, tanto en blancos como en rosados y tintos. Son de destacar los de Rioja, Cebreros, y Valdepeñas; por mencionar sólo unos pocos porque cada región tiene sus vinos especiales que acompañan a la perfección a los platos típicos.

°de Andalucía, provincia de España

°tipos de vinos andaluces

tinto / *red table wine*
destacar / *to emphasize*

Restaurante Nuria, Barcelona.

EL FLAMENCO

"Los que cantan y bailan por dineros andaluces no son; son traficantes y, del baile y del cante, jornaleros."

jornalero / *day laborer*

Así cantaba Francisco Rodríguez Martín y francamente daba su opinión de la popularización del flamenco en los años de la intensidad turística en España. En aquella época surgieron innumerables "tablaos flamencos" en toda la península y especialmente en los *clubs* de las estaciones de veraneo. Los "tablaos" son descendientes de los antiguos cafés cantantes. El cante y el baile de los "tablaos" se convierten en puro espectáculo escénico y así pierden aquella intimidad primitiva que era característica de los cafés cantantes: *Silverio, Chinitas*, etc.

estaciones de veraneo / *summer vacation spots*

   Los "tablaos" ofrecen revistas aflamencadas a un público que no sabe percibir el genuino esfuerzo de un artista auténtico; son "cuadros flamencos" al estilo de revistas de *nightclub*. Aquí hay las "guapas" sonrientes, con claveles en el pelo y de ropaje fantasioso, guitarras amplificadas electrónicamente, y "bailarines" en vez de los bailaores de entonces. Obligatorios son los palillos, el jipío y los ayes, y el decorado "típico español" de sillas de mimbre y manojos de ajos en las paredes.

Otra nueva oleada de música aflamencada es la del "flamenco pop". Este género de música se basa sobre el rítmo gitano incorporado en la canción ligera. Uno de los principales grupos exponentes de este género es "Los Chichos".

¿Cuál es el verdadero estado actual del flamenco? Antonio Mairena, prestigioso flamenquista, sostiene que lo que se ha perdido es el ambiente pero el cante está ahí y hay que recuperarlo. "Yo lo comprendo, es humano querer ganar más. No queiro juzgar, porque cada uno tiene derecho a vivir, pero soy partidario de la defensa de la pureza." Declara que "el cante flamenco puro es difícil, duro de digerir, no es asequible para todos y por eso es minoritario. El cante *duele* y lo tiene que sentir el artista. Y el que vale es el auténtico. Es como una flor muy bonita pero que no tiene aroma. El cante bueno es el aroma".

Mientras que en la edad de oro del flamenco, la época de Manuel Torres, Antonio Chacón, la Niña de los Peines, Tomás Pavón y otros grandes del arte, había un público numeroso e informado, ahora éste se encuentra muy reducido. El nuevo público exige más espectáculo escénico que arte y los protagonistas modernos lo satisfacen con sus "facilitaciones".

Antonio Cortés Pantoja, un cantante que se dedica a la canción ligera, defiende la masificación y se opone a los puristas. "Ellos dicen que los jóvenes nos vamos a cargar el flamenco, pero lo bueno en arte es renovar. Además lo que yo hago o lo que hace Turronero o Camarón ha servido para llevar gente a un teatro, gente que no iría a ver a un flamenco, que les horroriza el ¡ay! Y han venido a verme a mí y se han encontrado a Calixto, Fosforito, y dicen: '¡Ah, pues esto también me gusta!' ".

Las palabras de Antonio (Chiquetete) adquieren importancia si se nota que si el flamenco está pasando por un período de decadencia, últimamente también

---

"guapa" / *girl dancer*
ropaje / *costume*

palillos / *castanets* • **jipío y ayes** / *cries inserted in the singing*
mimbre / *wicker* • **manojo** / *bundle*

partidario / *partisan*

asequible / *accessible*

vamos a cargar / *we are going to destroy*

ha surgido un interés purificador que nunca había
ocurrido hasta ahora. En estos últimos años han bro-
tado festivales, cursos, concursos, y hasta cátedras de
flamencología. Estas actividades serias aseguran la re-
cuperación del flamenco.

brotar / *to sprout*

PREGUNTAS

1. ¿Le gusta a Ud. la guitarra flamenca? Comente.

2. ¿Qué relación haría Ud. entre el flamenco (el pájaro) y los bailarines del Flamenco?

3. ¿Qué función tienen las castañuelas en el baile?

4. ¿Es el flamenco la representación musical de España? Amplifique el tema.

5. ¿Ha visto Ud. alguna vez un cuadro flamenco? Si no, ¿cómo imagina Ud. que es?

6. Se dice que el flamenco puro se encuentra solamente en Andalucía. Discuta.

7. ¿Piensa Ud. que el flamenco es una verdadera expresión folklórica de Andalucía?

8. En cuanto el flamenco es la música de una minoría española, ¿cree Ud. que se puede hacer una relación con el *jazz*?

9. ¿Cuáles son los instrumentos típicos? Descríbalos.

10. ¿Por qué dicen los puristas que el flamenco "duele"?

11. Discuta la idea de que, como toda la música, el flamenco debe mantenerse y evolucionar al mismo tiempo.

HUMO EN LAS AULAS

En las aulas universitarias españolas los profesores
parecen flotar entre nubes, y sus explicaciones en la
pizarra se hacen invisibles para los alumnos. La causa
es la densa humareda que exhalan los fumadores, a
veces más de la mitad de hasta doscientos alumnos
que pueden reunirse en una clase.

humareda / *cloud of smoke*

La otra mitad, los no fumadores que se ven obli-
gados a pasar varias horas en este ambiente cargado,
consideran que su salud está siendo perjudicada, y

cargado / *impure, polluted*
perjudicar / *to harm*

piden la prohibición de fumar en clase. El problema parece agravarse en los meses de más frío, en los que no se pueden abrir las ventanas.

En vista de la inexistencia en España de medidas restrictivas sobre el consumo del tabaco en locales públicos y cerrados, en la Universidad Autónoma de Madrid se ha creado un colectivo, Eolo, compuesto por estudiantes dispuestos a luchar para hacer prevalecer sus derechos de no fumadores.

Es sabido que el tabaco no sólo es malsano—puede producir cáncer de pulmón, y garganta y otras enfermedades—para la persona que lo fuma, sino que incide también para los que están a su alrededor.

en vista / *considering*

colectivo / *group*

malsano / *unhealthy*

incidir / *to impinge on*

ENCUESTA

Una encuesta realizada por el grupo EOLO de la Universidad Autónoma de Madrid revela los siguientes datos:

UNIVERSITARIOS

fumadores	67%
mujeres	75%
hombres	64%
quieren dejar el tabaco	58%
fuman cigarrillos al día . . . 10	48%
20	44%
40 o más	6%

¿Le sorprenden a Ud. los datos de arriba? Haga Ud. una encuesta similar a la del grupo EOLO para averiguar si sus compañeros de clase fuman tanto como los estudiantes de Madrid.

EL HUMOR

El humor es una virtud esencialmente democrática, dice Julio Cebrián. Y todos los demás están de acuerdo. Y sin embargo, todos ellos—Mingote, Forges, Ops, Máximo, Ballesta, el propio Cebrián—se hicieron un nombre en los duros tiempos de la censura previa, cuando sus dibujos y sus medias palabras valían de respiradero y se transmitían de boca en boca como consignas de esperanza. Cuando los chistes se fijaban en las paredes juveniles con una

respiradero / *air vent*

signa / *slogan*

chincheta, junto a un pensamiento de Mao y un pós-
ter de Joan Báez.

chincheta / *thumbtack*

La lucha del humorista

Ahora, lejos de la dictadura, enterrado el dictador y
con la izquierda en el poder, ¿contra qué o en defensa
de qué luchan los humoristas?

izquierda / *political left*

FORGES: El hombre siempre vivirá en la opresión, porque el mundo en que vivimos está lleno de estruc-
turas de poder y por eso el humor sigue siendo tan
necesario en la democracia como en la dictadura.

¿Qué es el humor?

MAXIMO: ¿Qué es el humor? Nadie lo sabe. Si alguien
lo supiese, la pregunta sería un tanto ociosa y el
humor perdería interés. Conocida su esencia, des-
cubierta su fórmula, su fabricación estaría al alcance
de cualquier técnico en la materia. El producto fabri-
cado sería un objeto previsible y sin demasiada
gracia.

un tanto / *somewhat* • ocioso / *useless*

previsible / *foreseeable*

MINGOTE: El humor es una planta delicadísima.
Hablar del humor es como hablar de las orejas, todo
el mundo las tiene.

JULIO CEBRIAN: Todos los individuos que per-
tenecemos a la parcela profesional del humorismo re-
chazamos de plano, huimos con aspavientos,
hacemos ascos, nos replegamos astutamente, re-
calcamos las dificultades . . . ante cualquier invita-
ción a definir el humor.

de plano / *flatly* • aspaviento / *excitement*
replegar / *to fold over*
recalcar / *to squeeze*

JOSE MARIA PEREZ, PERIDIS: Es una elaboración cultural, una respuesta del hombre ante el sufrimiento, la
muerte, la injusticia. El humorista llega a entender
que todos estos accidentes forman parte de la condición humana y consigue convertir las frustraciones en
filosofía. El humor es la actitud reflexiva del hombre
capaz de reírse de sí mismo.

¿A qué sirve el humor?

CEBRIAN: Para aguantar mientras se pueda. Para denunciar lo convencional y dar una nueva visión a las
cosas.

aguantar / *to bear, endure*

BALLESTA: Para vivir, porque la vida, que es tan dura,
sería insoportable sin el humor.

El humor y la cultura

CEBRIAN: El humor no es ni vehículo de cultura ni cultura en sí mismo; es una impregnación del ser humano y, por ende, del cuerpo social.

por ende / *therefore*

BALLESTA: Es una forma de hacer la cultura, de contar, de interpretar el mundo.

OPS: Es un vehículo de ideas, sinónimo de creación.

El sentido del humor

BALLESTA: Los que no tienen sentido del humor no existen.

CEBRIAN: Los que no tienen sentido del humor son inmaduros. La madurez y el humor van de la mano.

de la mano / *hand in hand*

PERIDIS: Toda persona sin sentido del humor está siempre al borde de la violencia. Una sociedad con sentido del humor es una sociedad permisiva, madura y culta.

MAXIMO: Los pueblos con sentido del humor tienen gran sentido de la dignidad humana, de la independencia, de la igualdad.

MINGOTE: Humor y evolución van unidos. Todo hombre culto, aunque no sepa leer, tiene humor.

El humor del español

MINGOTE: El español no tiene más remedio que tener sentido del humor, con Cervantes y Quevedo°, que son los santos patrones del humor. Lo que pasa es que el español ha estado sometido a una Iglesia anacrónica y rara, oscurantista. Y, además nos hemos tomado tan en serio.

°Poeta espanol (1580–1645)

MAXIMO: Los españoles somos bromistas, no nos tomamos demasiado en serio las cosas pequeñas . . . pero en general este país no tiene sentido del humor.

bromista / *joker*

CEBRIAN: Los españoles somos ingeniosos, pero intolerantes.

HUMOR

Explique cada uno de los chistes aquí representados.

Ballesta:
«La vida sería insoportable sin humor.»

Máximo:
«Humor y libertad van unidos en relación matemática.»

Mingote:
«El humor es una planta delicadísima.»

Cebrián:
«Igual podíamos haber dicho otras cosas...»

Forges:
«El humor es una forma de luchar contra el poder.»

EMPIEZA EL DÍA CON BUEN PIE

¿Quieres adelgazar? Tu primera medida dietética debe ser *cambiar de desayuno*. Nos hemos acostumbrado en nuestro país a despertar con las maríasº, el *croissant*, la madalenaº o la clásica tostadaº, algo así como si nuestro primer contacto con el exterior proveniente del mundo de los sueños necesitara algo dulce, gratificante.

ºbreakfast rolls

Pues tienes que cambiar tu mentalidad de alimento dulce a salado. ¡No es que tengas que propinarte la tortilla de dos huevos de un camionero! Pero sí conviene que prepares tu día acalórico con paso firme.

propinarte / *treat yourself to*
tortilla / *omelette*

¡Y eso sin contar la horrible costumbre de despertar con un café negro y a la calle! Tu organismo no ha probado bocado desde hace más de 8 horas y es ahora cuando más necesita un reconstituyente. Todos esos—especialmente hombres—que "no sienten la necesidad de desayunar" es porque están mal acostumbrados. La sentirán dentro de un par de horas, y se convertirá en el absolutamente prohibido taco de tortilla-cervecita de las 11.

taco / *piece*

¿Qué desayuno te aconsejamos?

Si estás a régimen es necesario que todos los productos lácteos que consumas sean desnatados. Habrás notado que en cosa de dos años se ha producido el gran *boom* en la publicidad: en la tele, en donde sea, de los productos acalóricos—desde el "Tab" sin azúcar al agua "Fontevella"º—¡Tienes donde elegir!

régimen / *diet*
productos lácteos / *milk products*
desnatado / *skimmed* • en cosa de / *in a matter of*

ºkind of mineral water

Cámbiate de producto para tomar tu vaso de café o té con leche desnatada. Añádale un huevo, que puedes variar para no caer en la monotonía: en tortilla en sartén antiadherente, revuelto, cocido. Una loncha de jamón de York, que siempre debes tener en la nevera (o un trocito de pollo, si te atreves) y un pedacito de queso blanco fresco. Si no estás a régimen puedes variar de queso o cambiar de embutido. Puedes tomarte una rebanada de pan, mejor negro si te gusta porque tiene fibra. ¡Pero no tomes *biscottes*! Tienen azúcar y engordan más. Unta el pan con una punta de mantequilla o con queso blando de "Kraft" desgrasado.

antiadherente / *non-stick* • loncha / *slice*

nevera / *refrigerator*

embutido / *sausage*
rebanada / *slice*
biscottes / biscochos franceses parecidos al *melba toast* americano
untar / *to grease* (here: *to butter*)
punta / *dab*

Lo básico para tu régimen es una licuadora: cómpratela o háztela regalar. ¡Puedes prepararte combinados de zanahoria, frutas o 20 vitaminas juntas! Inmejorable para un buen despertar. Y recuerda, para despedirnos, que no se puede abusar de la fruta: basta con dos piezas diarias. ¡Buenos días!

licuadora / *blender*

zanahoria / *carrot*

ACTIVIDAD

¿Qué desayuno aconseja Ud.?

Un buen desayuno es la base de un día sin hambruna (pasar hambre). Haga una lista de los productos alimenticios que se comen de costumbre al despertarse, en los Estados Unidos y al extranjero. Juego comente Ud. sobre los méritos nutritivos de cada producto.

LA NUEVA TECNOLOGIA CULINARIA

La cocinera tiene a su disposición una amplia gama de aparatos y fuentes de calor que han revolucionado

gama / *gamut*

¡ELECTRIFICATE!

Estos pequeños detalles te harán la vida más fácil, más sana, más libre. ¡Dentro de lo que cabe! Ellos te ayudan, el resto lo haces tú.

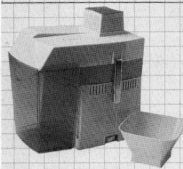

LICUADORA: Indispensable para amantes de la alimentación sana, la piel bella y la dietética. El secreto está en tener una licuadora a mano. La de Moulinex extrae el zumo dejando la pulpa inservible y expulsada automáticamente a un depósito exterior.

CAFETERA: Tratamos de informaros de lo más nuevo y útil que anda por el mercado. La cafetera Philips nos gusta por su diseño y avances: termostato y cámara de descalcificación para el agua. Capacidad para 14 tazas de café ligero y 18 de moka.

SANDWICHERA: Hoy en día tan necesaria como una cocina, perfecta para solteros y familias numerosas, sandwiches variados al instante, cerrados por los bordes. Se presenta en dos tensiones, 125 y 220 voltios. No te prives de una cafetería en casa.

PICADORA: ¡Y sus complementos!, tales como un cortaverduras que también ralla zanahorias, queso, etc. Y el vaso batidora, con capacidad para un litro y cuarto y te permite hacer batidos, gazpachos, purés, salsas, cócteles, etc. de Moulinex.

CUITOUT: De verdad que este prodigio de Moulinex lo hace todo, es una minicocina eléctrica. Es olla, cazuela sartén, freidora, yogurtera, hace quesos y cocina al vapor y al baño maría. ¡Sólo le falta el horno!

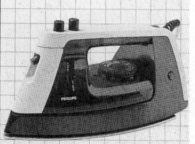

PLANCHA: De vapor, de bonito diseño, ligera de peso, con graduación automática de salida de vapor según los tipos de tejido, suela superpulida y cordón con protección antitirón. Por todos estos adelantos facilita el planchado con un mínimo esfuerzo (Philips).

FREIDORA: En este caso la de Melitta, para que veáis que os ofrecemos lo mejor del mercado sin presiones publicitarias. Con visor de temperatura, termostato automático a 180° y paquete filtro de aceite, en color combinado marrón y amarillo.

ABRELATAS: En nuestra opinión, ¡y lo hemos testado como los restantes!, es el mejor del mercado. Manejable, no necesita un espacio fijo ni soporte mural, no se ensucia de polvo y la «apertura» de latas es precisa (Philips).

PLACA PORTATIL: Para casas diminutas, apetitos frugales, gente que odia la cocina, apartamentos minúsculos, vacaciones y oficinas. Eléctrica en dos tensiones, supertransportable, cómoda y decorativa. La cocina de Magefesa os permitirá algo más que jugar a las idem.

los modos de guisar, no sólo por la reducción de esfuerzos manuales, sino también por su repercusión en las fórmulas cuantitativas e incluso cualitativas de las preparaciones.

En gastronomía, como en cualquier manifestación del saber humano, la tradición es un valor histórico muy de tener en cuenta, pero que no puede coaccionar la creatividad del presente, máxime cuando toda inspiración procede en gran medida de las posibilidades que las técnicas ofrecen.

tener en cuenta / *to take into account*
coaccionar / *constrain* • **máxime** / *especially*

La nueva cocina, en su sentido más amplio, es fruto de la tecnología actual, y su uso adecuado no significa, por otro lado, desvirtuar los manjares de *toda la vida;* antes bien, supone su adecuación al mundo actual. El *hardware* de la nueva tecnología culinaria presenta, sin embargo, sus problemas. Aparte de los posibles peligros de su utilización, exige un conocimiento de sus posibilidades reales.

manjar / *food*

ACTIVIDAD

1. Estos pequeños electrodomésticos pueden servir para hacer la vida de quien los emplea más sana, más fácil, más libre. A ver si Ud. puede describir en detalle sus posibilidades en la preparación culinaria.

2. Si Ud. tiene un electrodoméstico en casa prepare Ud. una demostración para la clase del empleo y de las diversas comidas que se pueden preparar con el aparato.

OPINION

¿LO MEJOR DE ESPAÑA?

¿Es posible designar (nombrar) un *número uno,* lo mejor de todo? No importa, el objetivo aquí es suministrar algunos datos, ideas, argumentos para facilitar la conversación. Sigue una lista breve y subjetiva de lo que creemos que sea lo mejor de España; si Ud. no está de acuerdo con la respuesta, exprese su opinión. Trate de formar una lista similar con una descripción de algo que Ud. cree ser lo mejor que se encuentra en la extensión de su país.

1. *Las fiestas más animadas:* las de San Fermín, en Pamplona. Empiezan el siete de julio y hay toros, encierros, bailes, música.

2. *Las mejores hogueras* (bonfire): las de la fiesta de San Juan, en Alicante. El veinticuatro de junio la ciudad se convierte en una orgía de cante, baile y fuego.

3. *La mejor ciudad:* Madrid, sus teatros, museos, el parque del Retiro, la Universidad, etc., etc. Es muy difícil no citar Barcelona.

4. *El mejor plato:* la paella. Se encuentra en Valencia y la mejor, dicen los valencianos, se come en un restaurante en Benisano, ''El Levante''.

5. *La mejor sangría:* la de Valdemorillo, en la zona de la sierra de Madrid. Aquí la hacen con un vino dulce con el que apenas hace falta añadir azúcar.

6. *El mejor parque de Madrid:* el Retiro; especialmente en los calurosos días de verano cuando los madrileños huyen hacia la costa es una delicia sentarse en un banco o pasear por el Retiro casi vacío.

7. *El mejor jardín:* El Generalife, de Granada. Es una visita refrescante, con tantas fuentes, flores y árboles. Al lado mismo de los jardines está la Alhambra.

8. *La mejor visita arquitectónica:* Barcelona, por supuesto. Es imperativa la excursión al Barrio Gótico, al parque Güell de Gaudí, a las iglesias y a las murallas románicas y a toda la zona moderna.

9. *Los mejores vinos:* los de Galicia. Los blancos del Miño y de El Rosal, y los tintos del Sil.

10. *La mejor costa:* la Costa Brava. La mejor manera de conocerla es en coche o pequeños paseos a pie; especialmente maravillosa es la zone entre Playa d'Aró y Sant Antoni de Clonge.

INTERPRETACION

Podría Ud. interpretar desde un enfoque cultural el dibujo de Eguillor?

¡OJO!

Busque en el diccionario los varios significados de las siguientes palabras y luego emplee cada una en sus distintos valores semánticos en oraciones originales.

1.	banco	5.	copa	9.	plancha	13. taco
2.	camino	6.	deber	10.	punto	
3.	cargar	7.	palmas	11.	saber	
4.	concluir	8.	paso	12.	son	

Eguillor

2
LA ENSEÑANZA

Si sabrá mas el discipulo?

No se sabe si sabrá más o menos; lo cierto es que el maestro es el personaje más grave que se ha podido encontrar.

AYER

LA ESPAÑA DE MARAÑON

El fracaso de la enseñanza

> Merced a (*thanks to*) la enseñanza se ha creado la civilización. Sin enseñanza el instinto de progreso que el hombre lleva implícito en su especie, apenas le hubiera hecho avanzar unos pasos titubeantes (*hesitant*). Pero, por desdicha (*unfortunately*), se han organizado las escuelas, los liceos (*secondary schools*) e institutos y las universidades para enseñar a los niños y a los jóvenes cosas, olvidando que las cosas son un material inestable, sujeto a una degradación y a un progreso incesante; y, sobre todo, olvidando que las cosas que se saben y se pueden enseñar, son sólo una parte mínima de la educación.   (O. C. X, p. 153)

EL MAESTRO

Hay, por de pronto, tres categorías de maestros. Unos, los peores, que no enseñan nada; otros, medianos, que enseñan lo que ellos saben; y otros, que enseñan, no las cosas que saben, sino los modos de aprender las cosas de la Naturaleza; y éstos son, sin duda, los mejores.

por de pronto / *for the present*
medianos / *mediocre ones*

El maestro que nada enseña es, desde luego, un factor negativo, pero, a la larga, puede haber sido útil si ha dejado a los jóvenes que desfilaron bajo su blanda férula la libertad de aprender lo que quisieron, por los métodos que a ellos les haya parecido o que les haya proporcionado el azar.

desde luego / *then, therefore*
a la larga / *in the long run*
desfilar / *to march off*
férula / *ferule* (empleada por los maestros para dar golpes a los alumnos en la palma de la mano)
azar / *fate*

Por eso no es del todo incongruente el llamarlos también maestros. Al hacer ahora el repaso de los lejanos maestros míos, aquellos que nada hacían, que nada decían pero que dejaban hacer, aparecen, en el recuerdo, rodeados de simpatía y de gratitud.

lejanos / *former, old*

rodeados / *surrounded*

El que enseña lo que sabe, puede ser un buen maestro, si sabe mucho y lo enseña concienzudamente. Pero su eficacia lleva aparejado siempre el peligro de dejar impresa en la mente del discípulo la huella terminante del profesor. Este profesor, más que maestro, es el que hace escuela, el que crea seguidores que se le parecen, que maniobran con sus ideas; y que, en el caso peor, le imitan no sólo en el pensamiento, sino en la manera de encender el ciga-

lleva aparejado / *carries with it*

huella / *impression, stamp*

maniobrar / *to maneuver*

rrillo o de ponerse el sombrero. A distancia, es este maestro el que se evoca con menos simpatía.

El gran maestro, quizá, enseña pocas cosas o las enseña envueltas en una prudencia tal que no quedan adheridas a la mente del discípulo, sino que, después de posarse en él como el leve contacto de un polen, parecen otra vez volar. Este maestro, el verdadero, no aspira a que nadie piense como él. Es más: lo que quisiera es que se transformase su pensamiento, como en la retorta de un alquimista, en otro pensamiento, al pasar por la mente del discípulo. Su mayor cuidado es conservar la personalidad de los que le siguen o, cuando no existe, crearla. Y la personalidad no se concibe sin originalidad, aun cuando pueda y deba nutrirse de la experiencia de los que precedieron; más solo por una raíz, de puro sutil, inadvertida.

posarse / *to light or sit upon* • **polen** / *pollen*

retorta / *chemical vessel*

de puro . . . / *tan sutil que pasa . . .*

Marañón: "Bandera verde" (1950), O. C. I, pp. 329–30.

EJERCICIOS

I. ESTUDIO LEXICO

A. *Escoja en el grupo A la palabra que es el sinónimo de cada palabra en el grupo B.*

A.		**B.**	
1.	estampa	férula _____	
2.	suerte	huella _____	
3.	circundado	azar _____	
4.	antiguo	mediano _____	
5.	alimentar	lejano _____	
6.	mediocre	nutrir _____	
7.	palmeta	rodeado _____	

B. *Emplee los vocablos de arriba en oraciones originales.*

1. _____
2. _____
3. _____
4. _____
5. _____
6. _____

7. _____

C. *Explique en español el sentido de las frases siguientes:*

por de pronto: _____

hacer escuela: _____

desde luego: _____

a la larga: _____

al corriente: _____

D. *Sustituya la frase en cursiva por una apropiada de la lista de arriba.*

1. *Por el momento* _____ toma este libro; luego te daré otro.

2. El Dr. Marañón *tuvo discípulos y seguidores* _____.

3. *Indudablemente* _____ esto es lo más conveniente.

4. *Al final* _____ estarás contento de haberlo escrito.

5. Estoy *enterado* _____ de lo que pasa.

II. EXPRESE SU JUICIO

1. Comente Ud. sobre las tres categorías de los maestros expuestas por Marañón.

2. ¿Cuál es la labor (oficio, deber) del profesor?

3. ¿Cree Ud. que la calidad intelectual de los alumnos exige (necesita, requiere) que el profesor haga un mayor esfuerzo? Comente.

4. Para mantenerse al corriente ¿cree Ud. que el profesor debe seguir cursos periódicamente? Discuta.

5. ¿Cree Ud. que debería haber profesores encargados de una revisión de los programas de enseñanza? Elabore.

6. Discuta Ud. el oficio (función) del profesor como influencia en la formación ideológica de los jóvenes.

III. INTERPRETACION

Interprete por escrito u oralmente el dibujo de Goya:
"Si sabrá más el discípulo"

LOS PROBLEMAS DE LA SEGUNDA ENSEÑANZA

La segunda enseñanza es, pues—repitámoslo—, profundamente deficiente en España. Y su deficiencia

segunda enseñanza / *secondary schools*

deriva de tres causas fundamentales: 1.ª, que no existe un plan de estudios racional, moderno y sobre todo estable; 2.ª, que los padres no se preocupan de que a sus hijos les enseñen bien, sino de que aprueben los cursos y 3.ª, que los maestros, frecuentemente, no son buenos. Si me preguntaran dónde empieza el hilo de esta madeja de desventuras pedagógicas, que enturbia la cabeza de nuestros adolescentes y les hace abominar de la instrucción, contestaría, sin dudar, que en el tercer apartado, en el de los maestros mismos. Por una razón incontrovertible: porque un ministro podrá elaborar un plan excelente (y de ello hay varios casos, alguno bien reciente, en la historia de nuestra política), pero ese buen plan no será eficaz sin la ayuda de quienes han de cumplirlo. No hay reducto más inexpugnable que una cátedra. A su vez, una contrición general de padres de familia—que se sindican para tantas cosas, menos para las que deben—tampoco sería eficaz sin la colaboración del Estado y de los maestros; aparte de que entre el Estado, los maestros y los padres españoles, son éstos, los padres, los que están más lejos de la perfección: y precisamente porque les falta la educación fundamental para serlo, la que se siembra a los diez años para florecer a los treinta. En cambio, el maestro, con un esfuerzo heroico puede vencer la desorganización y la mezquindad estatales y la incomprensión paternas. Si es un buen maestro, es eficaz, aunque todo lo demás sea malo. Claro que, entonces, para ser él simplemente bueno, requerirá un alma esforzada, una vocación religiosa y un temple indomable de voluntad; pero no olvidemos que en cualquier medio, en cualquier grado de enseñanza, ningún maestro es bueno si no tiene sus ribetes de sacerdote y de héroe.

No esperemos la solución del plan de enseñanza salvador; no achaquemos nuestra ineficacia a la desorganización de los métodos o a la pobreza del material y de los emolumentos. La solución de enseñar está, siempre, en nosotros mismos. Si no enseñamos con medios adecuados, podemos suplirlos con el sacrificio, que todo lo compensa y aún lo supera: porque no hay pedagogía que iguale al desinterés y al entusiamo: y eso es el sacrificio.

1.ª = primera

se preocupan / *bother with, worry*

aprobar / *to pass*
dónde . . . madeja / *the beginnings, root*
desventura / *mishap*
enturbia / *muddles*
abominar / *to hate*
apartado / *category*
incontrovertible / *indisputable*

eficaz / *effective*
reducto / *fortification*
inexpugnable / *impregnable*
sindicarse / *to organize*

sembrar / *to sow*

mezquindad / *penury, poverty*
estatal / *(pertaining to the) state*

esforzada / *strong, valiant*
temple / *strength*

ribetes / *qualities*

achacar / *to ascribe, attribute*

emolumentos / *remuneration*

suplir / *make up for*

Marañón: ''Bandera verde'' (1934), O. C. I, p. 138.

EJERCICIOS

I. ESTUDIO LEXICO

A. *Escoja en el grupo A la palabra que es el sinónimo de cada palabra en el grupo B.*

A.		B.	
1.	aprobar	pasar los cursos _____
2.	odiar	fortificación _____
3.	reducto	organizarse _____
4.	sindicarse	tacañería _____
5.	sembrar	atribuir _____
6.	la mezquindad	plantar _____
7.	achacar	el carácter _____
8.	enturbiar	confundir _____
9.	el temple	abominar _____

B. *Defina o explique en español las palabras del grupo A.*

1. _____

2. _____

3. _____

4. _____

5. _____

6. _____

7. _____

8. _____

9. _____

II. EXPRESE SU JUICIO

1. El Dr. Marañón declara que la segunda enseñanza es deficiente en España ¿Piensa Ud. que el mismo problema existe en los Estados Unidos? Desarrolle el tema.

2. ¿Cuál de las tres causas que Marañón presenta se manifiesta como el problema más serio que la segunda enseñanza norteamericana tiene que afrontar?

3. ¿Qué responsabilidad debería asumir la familia en la educación de los hijos?

4. Discuta Ud. lá posibilidad de establecer un sistema de educación particular (privado) que reemplace el presente sistema público.

5. ¿Para qué sirve la actual organización del PTA? Según su modo de pensar, ¿cómo debería estructurarse esa misma organización?

6. ¿Piensa Ud. que las presentes organizaciones profesionales cumplen (realizan, efectuan) con su deber de proteger los derechos del personal docente (*teachers*)? Discuta.

7. ¿Cree Ud. que los maestros deberían afiliarse (agruparse) a un sindicato? Elabore sobre el tema.

III. COMPOSICION

Escriba Ud. una carta a un amigo en España en la cual Ud. describe la vida en un campus de una universidad norteamericana.

EL ESTUDIANTE BRILLANTE

Ser un buen estudiante siempre, alcanzar siempre las notas óptimas, supone amoldarse a la mediocridad con que está organizada la enseñanza, aquí y fuera de aquí.

> **alcanzar** / *to obtain*
> **óptimas** / *best* • **supone** / *means, signifies*

Estudiar con igual aplicación todas las asignaturas multiformes de la instrucción primaria y del bachillerato es, en efecto, la manera más infalible de no ser nada en este mundo. Un mal estudiante puede ser, andando el tiempo, un gran hombre. Un estudiante perfecto, uno de ésos abonados a la matrícula de honor, ése, casi necesariamente, se esfumará en una penumbra intelectual para toda su vida. Es un deportista de las buenas notas y nada más.

> **aquí** / en España
> **aplicación** / *dedication* • **asignaturas** / *classes, courses*
> **bachillerato** / diploma de segunda enseñanza
> **andando el tiempo** / *in time*
> **abonado** / *one who subscribes*
> **esfumarse** / *to fade into*

Yo estoy tan convencido de la inutilidad y aun de la nocividad de los sabios oficiales, que no dudo en lanzarles desde aquí mi grito de guerra. ¡Guerra a los *números unos*, a los alumnos sometidos incondicionalmente a las pautas estrechas de la escuela! Y que me perdone si hay alguno entre los que me leen: yo también he sido, en una ocasión "número uno", y aún siento sobre mí la pesadumbre de esta gloria oficial, grata y paralizante como una inyección de morfina.

> **pautas** / *norms, rules*
>
> **pesadumbre** / *weightiness*
> **grata** / *pleasing*

Marañón: *Raíz y decoro de España* (1941), O. C. X, p. 164.

EJERCICIOS

I. ESTUDIO LEXICO

A. *Escoja en el grupo A la palabra que es el antónimo de cada palabra en grupo B.*

A.		B.	
1.	aplicación	semejante	____
2.	multiforme	aparecer	____
3.	esfumar	descuido	____
4.	nocividad	desagradable	____
5.	grato	pésimo	____
6.	óptimo	benevolencia	____

B. *Llene los espacios vacíos con palabras o frases que aparecen abajo.*

Estudiar con igual _____ todas las _____ es la manera

más cierta de llegar a la _____. Un estudiante muy _____

en muchas materias pero que estudia a _____ no puede esperar

que todo le salga bien. Al final del curso tiene que sufrir la _____

de no aprobar.

aplicación	asignaturas
matrícula de honor	capacitado
ratos perdidos	pesadumbre

C. *Haga oraciones originales empleando cada palabra de la lista que sigue.*

alcanzar	matricula	pauta
abonarse	asignatura	suponer

II. EXPRESE SU JUICIO

1. ¿Cuál es la opinión del autor sobre los *números unos?*
2. ¿Puede suponer un desenfoque (desequilibrio) profesional el intentar abarcar (cubrir, comprender) por igual todas las materias académicas? ¿Por qué?
3. ¿Cómo cree usted que debe enfocar (orientar, centrar) su actividad estudiantil un alumno consciente (responsable)?
4. ¿Cree usted que el sistema de enseñanza norteamericano obliga a los estudiantes a obtener notas altas en perjuicio (en detrimento, a daño) de la específica formación personal? Discuta.

5. Si usted no está de acuerdo con el actual sistema académico norte-americano, exponga (explique, declare) las causas de este desacuerdo (disconformidad) y razone las reformas que usted introduciría en el mismo.

III. ACTIVIDAD

Discutan en la clase, o en pequeños grupos, los puntos positivos y negativos de las "Sociedades de Honor".

LA INSENSATEZ DE LOS EXAMENES

El examen nada prueba, como no sea la capacidad de reaccionar el estudiante—¡muchas veces todavía un niño!—ante el azar. Pocas cosas más grotescas nos ofrece la vida que el que después de varios meses de convivencia entre el maestro y los discípulos, el maestro, para juzgar al discípulo, le haga contestar, durante algunos minutos transidos de emoción, a unas preguntas dictadas por la suerte o por el arbitrio del examinador. El examen no puede informar de la formación intelectual del estudiante, ni mucho menos de lo que más importa: de su vocación y de su capacidad moral.

Nada absurdo es, sin embargo, eterno. Y no pasará mucho tiempo sin que se emprenda la gran tarea de la reforma de raíz de la enseñanza como garantía de una civilización menos precaria que la de ahora. Yo llevo tantos años con la preocupación de enseñar, tan clavada en mi espíritu, por encima de todas las otras preocupaciones, que si no lo creyere así, me parecería haber perdido lo único bueno de mi vida.

capacidad / *ability, talent*

azar / *chance, the unforeseen*

transido / *full of anguish*
arbitrio / *discretion*

sin embargo / *nevertheless, however*
emprender / *to undertake* • **tarea** / *task*
de raíz / *from the root, entirely*
llevo tantos años / hace muchos años

clavada / *nailed, fixed*
creyere / futuro del subjuntivo del verbo creer

Marañón: *Efemérides y comentarios* (1955), O. C. X, p. 146.

EJERCICIOS

I. ESTUDIO LEXICO

A. *Escoja el sinónomo o la frase que mejor corresponde:*

1.	Afectado por un dolor intenso ____	a.	arbitrio
2.	Trabajo que hay que hacer ____	b.	emprender
3.	Decisión personal ____	c.	transido
4.	Dar datos ____	d.	tarea
5.	Empezar ____	e.	informar
6.	La nota ____	f.	calificación

B. *Llene el espacio vacío con la palabra adecuada que aparece en la lista de arriba.*

1. Ayer acabé la _____.
2. Aquellos eran momentos _____ de pena.
3. Los alumnos están al _____ del profesor.
4. Tejero sacó la pistola y la _____ a tiros.
5. María ha obtenido la _____ de sobresaliente.
6. José quiere _____ nos sobre todo lo que nos interesa.

C. *Utilice las siguientes frases en oraciones originales.*

1. *Por encima:* a. Pongo mis estudios por encima de todo.

   b. _____

2. *Llevar:* a. Lleva tres semanas sin venir aquí.

   b. _____

3. *De raíz:* a. Arranco la flor de raíz.

   b. _____

4. *Llevar adelante:* a. Mario lleva adelante su carrera.

   b. _____

5. *Capacidad:* a. No tiene capacidad de trabajo.

   b. _____

6. *Por encima:* a. Hoy he hecho mis tareas por encima
   (a la ligera).

   b. _____

II. ¿QUE OPINA USTED?

1. ¿Cuál es la postura (posición, actitud) del Dr. Marañón acerca de la costumbre de los exámenes?
2. ¿Qué influencia psicológica positiva y negativa puede tener el examen para el estudiante?
3. ¿Cómo debe estructurarse la relación profesor-alumno a efectos de evitar la prueba (muestra) de los exámenes?

4. Exponga la estructura actual de las calificaciones académicas en universidades americanas.

5. ¿Si se suprimieran (quitaran) los exámenes, dedicaría el estudiante una profunda atención a las asignaturas (materias) de su carrera (plan de estudios)?

III. DISCUSION

Discutan en la clase, o en pequeños grupos, los puntos positivos y negativos de: "Los exámenes de fin de curso"

CIUDADES UNIVERSITARIAS

Yo declaro, una vez más, porque es viejo tema mío, que no tengo por las ciudades universitarias sino una débil simpatía.

no tengo . . . sino / no tengo más que

Suponen un inmenso esfuerzo, y esto basta a hacerlas respetables; pero no son un ideal. Y mi inquietud se funda en que muchos ponen en ellas una fe excesiva de meta lograda. La ciudad universitaria, en su inmensidad arquitectónica, en su lujo, expresa muy netamente todo lo que es defecto de la Universidad actual, todo lo que tendría que echar por la borda para ser plenamente eficaz. El enseñar y el aprender debe estar repartido entrañablemente por toda la extensión de las grandes ciudades y por todos los pueblos y los campos, y las imponentes fábricas universitarias son, en cierto modo, jaulas o cárceles, todo lo doradas que se quiera, donde se encuentra un tanto aprisionada la sabiduría.

suponer / *to signify*

se funda / *is based*
meta lograda / *attained goal*

actual / *modern*
echar por la borda / *to throw overboard, to discard* • **entrañablemente** / *intimately*

todo . . . que se quiera / *no matter how . . .*
sabiduría / *knowledge*

Marañón: *Efemérides y comentarios*, Espasa-Calpe (1955), p. 79.

EJERCICIOS

I. ESTUDIO LEXICO

A. 1. No puedo permitirme el lujo.
2. Llegar a la meta.
3. Le da un tanto al mes.
4. En los tiempos actuales.
5. Aprende el español sin esfuerzo.

6. Tengo un amigo entrañable.
7. Ha echado por la borda sus responsabilidades.

Busque en las frases u oraciones de arriba el sinónimo de cada palabra en la lista que sigue.

1. sin trabajo _____
2. desprenderse _____
3. verdadero _____
4. algo _____
5. moderno _____
6. gastos _____
7. alcanzar _____

II. EXPANSION

Complete las siguientes oraciones.

1. Las ciudades universitarias no son un ideal porque _____
_____

2. El lujo de la ciudad universitaria se expresa en _____
_____

3. La sabiduría se encuentra aprisionada en _____
_____

4. Es un problema actual, porque _____
_____

5. Los estudiantes logran _____
_____

III. ACTIVIDAD

Trace un plano detallado de su campus indicando con palabras la relación espacial de cada facultad con respeto a la bibioteca. Ejemplo: La Facultad de Letras está en frente de la biblioteca.

IV. TEMAS DE CONVERSACION

1. ¿Por qué el autor se muestra (se manifiesta) contrario a las Ciudades Universitarias?

2. ¿Cree Ud. que el hecho de que el estudiante estudie y viva en una Ciudad Universitaria puede alejarle (apartarle) de un contacto con la sociedad? Discuta.

3. La existencia de grandes universidades en pequeños centros urbanos impone una contradicción a los principios democráticos y puede provocar un cierto clasismo (prejuicio de clase) en la enseñanza. ¿Qué opina Ud.?

4. ¿Debe la vida cultural de las ciudades agruparse en torno a (alrededor de) las universidades? ¿Por qué?

5. ¿Cree Ud. que el lujo es incompatible con el auténtico espíritu universitario? ¿En qué sentido?

6. ¿Deben desvincularse (librarse) las universidades, como centros libres de enseñanza, del control directo de la Administración Pública? Opine.

HOY

VOCABULARIO ESPECIAL

El Sistema Educativo

Inglés	Español	Derivativos
opening session	convocatoria apertura de . . .	convocar abrir, abierto
to enroll tuition lab fees	matricularse derechos de matrícula derechos de práctica	la matrícula (número de alumnos en un centro de enseñanza)
	el curso (el curso 1983–84) el curso de Filosofía el curso académico primer curso (freshman)	cursar (cursar Letras)—estar estudiando cierta materia
schedule courses to lecture to pass to fail	el horario, plan de estudios las clases, asignaturas asignatura obligatoria asignatura voluntaria explicar una asignatura aprobar (en) una asignatura suspender (en) una asignatura estudiar una asignatura	

the faculty
professorship
	los exámenes
	el profesorado
	la cátedra
		la papeleta de examen
		profesor(a)
		catedrático
		    profesor adjunto
		    profesor agregado

dean president	el decano el rector	
schools departments	las Facultades Escuelas Técnicas Colegios Universitarios	
H.S. diploma Master's Ph.D.	diploma bachillerato licenciatura doctorado	Diplomado Bachiller Licenciado Doctor
	Residencias Colegios Mayores	

EL ESTUDIANTE ANTE SI MISMO

En los últimos años hemos visto a los estudiantes metidos de lleno en el remolino de nuestra crisis, que es una crisis general, que no sólo afecta a la Universidad en sí misma y en sus postulados más profundos, sino que afecta a la sociedad entera. Por lo tanto, no seremos nosotros quienes pensemos ni por un instante que los estudiantes deben ser ajenos a la crisis, ni mucho menos. Ya sabemos que la vieja polémica se resuelve cada vez más, inevitablemente y en todos los países, del lado de la inmersión de la universidad en las problemáticas y conflictos de la sociedad a quien sirve y debe servir. Por lo tanto los estudiantes, que han de tener la conciencia agudizada hacia estas problemáticas, ya que en ellos se trenza precisamente esa configuración interior en que han de prefijarse y desentrañarse todas las posibilidades de futuro, no sólo de su futuro personal, sino el de la sociedad, deben ser ya desde el primer momento, como futuros guías que serán de la sociedad, sujetos preocupados y abiertos hacia la realidad circundante. Ahora bien, cuanto mayor sea su formación, su madurez intelectual, su densidad de conocimientos, su preparación, en una palabra, mayores serán sus posibilidades de actuación eficaz en favor de la sociedad, y también sus oportunidades de no sentirse frustrados en la propia vida personal. Por ello, sentimos como pena cuando vemos que tantos estudiantes toman la universidad simplemente como palestra improvisada de sus propias improvisaciones. Siempre ha habido, hay y habrá los revoltosos y botarates de oficio que con sus actitudes intentan solamente emboscar y enmascarar la impotencia de sus auténticas vocaciones y aptitudes vitales. Pero también creemos poder asegurar que cada vez más los estudiantes sienten en la Universidad como el centro donde han de encontrar la posibilidad para cuajar su propio destino, un destino que ha de ser, ante todo, creador.

Ser estudiante es algo a la vez serio y despreocupado, bello y fecundo, porque es en la Universidad donde comenzamos a tener un compromiso se-

de lleno / *fully* • **remolino** / *whirlpool*

ajeno / *disinterested*

agudizada / *sharpened*
trenzarse / *to braid (become entwined)*

prefijar / *to prefix, determine*
desentrañarse / *to disembowel, figure out*

circundante / *surrounding*

palestra / *arena, ring*
revoltoso / *rebellious*
botarate / *smart aleck*
emboscar / *to hide* • **enmascarar** / *to put on a mask*

cuajar / *to jell, shape*

rio tanto con la ciencia como en la vida, y es en nuestra vida de estudiantes cuando sucede todo o parece que sucede todo: encuentros, distancias, misterios, **desarraigos**, **desalientos** y esperanzas, y yo diría que lo más grande de ser estudiante es ese no estar solo, ese sentirse hermanado con todos los estudiantes del mundo en su situación transitoria pero plena de posibilidades, por todos los caminos y todas la ciudades del mundo.

desarraigo / *uprooting*
desaliento / *discouragement*

Es verdad que para ser estudiante con conciencia profunda es necesario **ceñirse a** unos horarios y unas materias; pero en los alrededores mismos del estudio y de una mínima disciplina están los viajes de estudios, los descubrimientos ilusionadores, la **trashumancia**[1] propia de la condición estudiantil, el contacto humano con el mundo de los otros. En este año de **relevo** en tantos aspectos, confiamos en que nuestros estudiantes hagan suya la idea activa de futuro, la significación de la **antorcha** que pasa de una mano a otra, la necesidad de su presencia responsable en el **marco** auténtico del país en proceso de cambio.

ceñirse a / *to adhere to*

trashumancia / *nomadic quality*

relevo / *relief, change*

antorcha / *torch*

marco / *framework*

---

1. El pasar el ganado de los prados de pasto de verano a los de invierno y viceversa.

CONTRAPUNTO

1. ¿Cree Ud. que el universitario de hoy está bien formado en aspectos sociales? ¿En aspectos políticos?

2. ¿Cree Ud. que el estudiante universitario tiene la obligación de formarse en los aspectos sociales? ¿En los aspectos políticos?

3. ¿Cree Ud. que la sociedad es imparcial en cuanto a los problemas estudiantiles?

4. ¿Considera Ud. satisfactoria la educación que ha recibido hasta ahora?

5. ¿Existe en la Universidad que frecuenta una relación entre profesor y alumno?

6. ¿Como vee el estudiante a sus profesores?

7. ¿Cuál es la función de la Universidad en la formación cívico-social del estudiante?

8. ¿En que sentido cree Ud. que se debe orientar la estructura de la Universidad?

9. De haber podido seguir enteramente su vocación, ¿hubiera Ud. elegido la misma carrera?

10. ¿Cómo se sienta Ud. respeto a la elección de carrera que ha hecho? Explique brevemente por qué razón se siente así.

COLEGIOS MAYORES

Entre los temas universitarios de mucho interés está el de los colegios mayores. Existen en España aproximadamente unos 176 colegios mayores que son fundamentalmente instituciones de alojamiento para los propios universitarios. Estos alojan unos 20,000 estudiantes. Más de la mitad alojan solamente estudiantes varones, otros son para universitarias y un número reducido ofrecen hospedaje mixto.

alojamiento / *housing*

varón / *male*
hospedaje / *lodging*
acusan / *show, report*

Los colegios mayores acusan una gran diferencia cuantitativa de colegiales. Unos, exclusivos, apenas exceden de la veintena de residentes, mientras otros sobrepasan los cuatro centenares. La mayoría de los colegios mayores pertenecen a entidades religiosas, otros a las propias universidades, a corporaciones privadas o a gobiernos extranjeros. Sin embargo casi todos acogen a estudiantes de todas nacionalidades.

veintena / *about 20*

acogen / *accept*

Las pensiones o cuotas mensuales que deben abonar los residentes en un colegio mayor varían notablemente en su cuantía según los distritos en que se hallan situados los centros, posiblemente a razón de las diferencias económicas regionales.

abonar / *to pay*
cuantía / *amount*

Los colegios mayores son residencias de gran tradición en España y por muchas razones son el lugar más adecuado para albergar a los universitarios.

albergar / *to lodge, house*

LOS ESTUDIANTES "PASAN"

Según una encuesta cuyos resultados aparecen en la revista española *Cambio 16* del 17 de mayo de 1982 [ver paginas 60–61], los estudiantes de las Facultades y Escuelas de la Universidad de Madrid son jóvenes de izquierda moderada, poco religiosos, y que juzgan a la Universidad como "mala". Son estudiantes insatisfechos con la enseñanza recibida y que eligieron su carrera por vocación o por eliminación de otras que no les gustaban.

encuesta / *poll, survey*

carrera / *major*

Los universitarios de hoy son jóvenes que no tienen mucho que ver con la droga pero sí que alguna

tener que ver / *have to do with*

Los Universitarios en %

TENDENCIA POLITICA

Extrema izquierda	6
Izquierda	41
Centro	14
Derecha	16
Extrema derecha	2
No sabe, no contesta	21

CONSUMO DE DROGAS

	Porros	Estimulantes	Droga dura
Nunca	54	83	95
Ocasionalmente	37	13	3
Mensualmente	3	1	0
Semanalmente	4	0	0
Diariamente	2	1	0
No sabe, no contesta	0	2	2

ACTIVIDAD EN EL TIEMPO LIBRE

Lectura	40
Culturales y musicales	39
Bares, pubs y cafeterías	39
Cine y teatro	36
Deporte	27
Hobbys	26
Paseos y excursiones	23
Discotecas	5
Otros	13

(Nota: respuesta múltiple)

LECTURA DE LIBROS

Menos de 5 al año	12
Entre 5 y 10	23
Entre 10 y 15	23
Entre 15 y 20	17
Más de 20	24
No sabe, no contesta	1

LECTURA PREFERIDA

Novelas	67
Poesía	26
Historia	22
Ciencia Ficción	20
Ensayo	20
Clásicos	19
Best-seller	18
Filosofía	14
Teatro	14
Biografías	13
Otros libros	21

(respuesta múltiple)

DEFINICION RELIGIOSA

Católico	29
Cat. no. practicante	32
Otra religión	2
Ateo	16
Indiferente	18
No sabe, no contesta	3

REVISTAS LEIDAS HABITUALMENTE

De información general	38
Especializadas	38
Humor	17
Comics	16
Deportivas	10
Del Corazón	5
Eróticas	2
No sabe, no contesta	18

(respuesta múltiple)

PREFERENCIA DE VIDA EN COMUN

Matrimonio religioso	41
Vida en común sin ataduras oficiales	36
Matrimonio civil	21
No sabe, no contesta	2

ASIDUIDAD LECTURA PERIODICOS

Todos los días	41
Dos o tres veces por semana	27
Una vez a la semana	17
De vez en cuando	15

INGRESO DE LA FAMILIA

Menos de un millón al año	26
Entre uno y dos	36
Entre dos y cinco	12
Más de cinco	3
No sabe, no contesta	22

DINERO SEMANAL PARA SUS GASTOS

Menos de 500 Pts.	22
De 500 a 1.000	35
De 1.000 a 1.500	22
De 1.500 a 2.000	12
Más de 2.000	6
No sabe, no contesta	3

La Universidad en %

CAUSAS ELECCION DE LA CARRERA

Vocación	38
La que menos disgustaba	21
Hacer dinero	4
Tradición familiar	3
Fácil de estudiar	1
Otros	33

QUE HACER AL ACABAR LA CARRERA

Oposiciones	6
Ejercicio libre de la profesión	33
Dedicarme a la investigación	19
Buscar trabajo en la empresa privada	16
Proseguir mi formación	10
Dedicarme a la docencia	8
Otros y no sabe	8

SOLUCIONES PARA REDUCIR EL PARO UNIVERSITARIO

Incentivar la contratación de universitarios sin experiencia	51
Potenciar la formación profesional	22
Anticipar la edad de jubilación	16
Endurecer la selectividad	9
Aumentar el período de educación	1
No sabe	1

COMO ES LA UNIVERSIDAD

Buena. Solo necesita cambios superficiales	11
Mala. Necesita cambios profundos	68
Pésima. Necesita una transformación total	21

POR QUE NO HAY CONFLICTOS ESTUDIANTILES

Por la indiferencia de los estudiantes	64
Por el cambio político habido	10
Por la ausencia de grupos radicales	4
Otros y no sabe	22

SATISFECHOS CON LA ENSENANZA RECIBIDA

Diversos grados de satisfacción	47
Insatisfechos	53

vez se han fumado un porro. Generalmente no son muy partidarios de la vida en común con ataduras oficiales. Leen libros, pero menos de lo esperado, aunque tampoco pierden el tiempo en discotecas y saben administrar las 1.000 pesetas semanales de que disponen para sus gastos.

En resumen, la población universitaria aparece preocupada por sus estudios y despreocupada por lo que ocurre fuera de su cerco estudiantil, hasta el punto de ser menos de la mitad quienes leen periódicos todos los días.

porro / *joint, marihuana*
ataduras / *bindings, bonds*

disponer / *to have at one's disposal*

cerco / *group, circle*

ACTIVIDADES

I. ENCUESTA

1. ¿Cómo es la universidad que Ud. frecuenta?

    _____ Excelente—no hay que cambiar nada.
    _____ Buena—necesita algunos cambios.
    _____ Mala—necesita muchos cambios.
    _____ Pésima—hay que transformarla totalmente.

2. ¿Está Ud. satisfecho con la enseñanza recibida?

    _____ Totalmente satisfecho.
    _____ Parcialmente satisfecho.
    _____ Completamente satisfecho.

3. ¿Cuáles son las causas que han tenido influencia en la elección de su carrera?

    _____ Cursos fáciles.
    _____ Tradición familiar.
    _____ Hacer dinero.
    _____ Vocación.

4. ¿Qué hará Ud. al acabar la carrera?

    _____ Ejercicio libre de la profesión.
    _____ Continuar los estudios.
    _____ Empleo en una empresa privada.
    _____ Entrar en las fuerzas armadas.

5. ¿Por qué ya no existen los conflictos estudiantiles de los años '60?

    _____ Por indiferencia de los estudiantes.
    _____ Por acabarse la guerra.
    _____ Por haber cambiado la estructura universitaria.

6. ¿Por qué Ud. ha elegido la Universidad que ahora esta frecuentando?

        _____ Por tradición familiar.

        _____ Por conveniencia.

        _____ Ofrece excelentes cursos.

        _____ Por el clima.

7. ¿Qué carrera estudia Ud.?

8. ¿Qué propondría Ud. para ayudar al estudiante a elegir mejor su carrera?

        _____ Más información.

        _____ Cursillos de orientación.

        _____ Experiencia práctica.

        _____ Otro _____

9. ¿Quién debería pagar los gastos de la enseñanza superior?

        _____ El estado.

        _____ El estudiante.

        _____ El Gobierno Federal.

        _____ Empresas privadas.

II. SONDEO

Prepare Ud. una encuesta semejante a la de arriba. Luego discute Ud. los resultados en clase.

¡OJO!

Busque en el diccionario los varios significados de las siguientes palabras y luego emplee cada una en sus distintos valores semánticos en oraciones originales.

1. actual
2. proceso
3. facultad
4. carrera
5. asistir

3
JUEGOS, DEPORTES Y RITOS

Ligereza y Atrevimiento de Juanito Apiñani en la Plaza de Madrid

AYER

LA ESPAÑA DE MARAÑON

Trabajo y deporte

Sin darnos cuenta, por lo tanto, nos encontramos en regiones ambiguas, en las que es difícil discernir con exactitud si una determinada actividad humana es un trabajo o un deporte. Pero hay algo que es esencial al trabajo, que le define y le distingue de aquél, y es la creación.   (O. C. X, p. 619)

EL DEPORTE

En los colegios mayores se cuida mucho del deportismo y se pretende, en efecto, que se ha dado a la juventud todo lo que había que darle, porque el escolar acaba sus estudios con unas cuantas copas ganadas en los juegos, junto con los sobresalientes y los títulos de las victorias académicas.

deportismo / *sports*

escolar / *student*
unas cuantas / *a few*
sobresalientes / *high grades*

No he de ocultar ahora mi antipatía por estos entusiasmos deportivos. No dudo de su utilidad higiénica, aunque habría mucho que hablar sobre los desastres que los excesos del ejercicio físico pueden acarrear a los organismos juveniles. Mi experiencia de médico podría suministrar frecuentes observaciones para su demostración.

ocultar / *to hide* • **antipatía** / *dislike*

acarrear / *to cause*
suministrar / *to provide*

Para mí es seguro que el deporte, que al principio puede ser un laudable entretenimiento o un recurso higiénico eficaz, acaba por ocupar el puesto del trabajo de una manera capciosa e infinitamente dañina para el varón que se está formando. El joven que ha jugado y que siente la voluptuosidad del cansancio físico satisfecho, tiene una sensación del deber cumplido tan falsa y perniciosa como el que, en lugar de apagar el hambre física con el alimento natural, la calma con la voluptuosidad de una borrachera.

capciosa / *deceptive* • **dañina** / *harmful*

cansancio / *fatigue*

perniciosa / *prejudicial, harmful*
alimento / *food*
borrachera / *drunkenness*
llamativo / *attractive*

Y este equívoco es aún más llamativo y pernicioso cuando se compara el ruidoso triunfo de un deportista con el rendimiento cotidiano y gris de la labor provechosa. Más después, cuando los años de la energía física se han ido—¡y se van tan pronto!—¿cómo volver a la faena callada y fecunda? He aquí por qué todavía no se ha dado el caso de un deportista de primera magnitud que, una vez recorrido el ciclo, siempre breve, de sus triunfos, sirva después

rendimiento / *exhaustion* • **cotidiano** / *daily*
provechosa / *beneficial*

faena / *task* • **fecunda** / *productive*
he aquí . . . / *here is the reason . . .*
darse el caso / *to happen*

para nada de provecho. A estos hombres que refulgen en la constelación deportiva se les llama *ases*, y
con sentido muy profundo, porque su brillo y su triunfo no dura más que el de la carta afortunada sobre
el tapete verde.

de provecho / *useful*
refulgen / *shine*
sentido / *meaning*
afortunada / *lucky*
tapete verde / *card table*

Marañón: *Ensayos liberales* (1947), O. C. X, p. 618.

EJERCICIOS

I. ESTUDIO LEXICO

A. *Busque el sinónimo de cada palabra en la lista de abajo y luego utilícelo en oraciones originales.*

1. presupuesto (   ) _____

_____

2. antipático (   ) _____

_____

3. plausible (   ) _____

_____

4. borrachera (   ) _____

_____

5. faena (   ) _____

_____

6. as (   ) _____

_____

B. *¿Qué palabras o frases del texto concuerdan con las siguientes definiciones?*

1. _____ Hacer desaparecer una sensación física.
2. _____ Frase con que se confirma algo ya dicho.
3. _____ Se realiza la obligación que una persona tiene.
4. _____ Mesa de juego.
5. _____ Suceder.

II. TEMAS DE CONVERSACION

1. ¿Piensa Ud. que Marañón ha enfocado el tema del deporte acertadamente? Amplifique el tema.

2. ¿Qué lugar ocupa el deporte en las actividades estudiantiles de la universidad de usted?

3. ¿Cree Ud. que el deporte debe ser una materia obligatoria? Discuta.

4. ¿Qué beneficios y qué perjuicios aporta (trae) el deporte a una universidad?

5. La influencia del deporte en el ambiente universitario americano, ¿piensa Ud. que va aumentando o disminuyendo? ¿Por qué?

6. ¿Piensa Ud. que el presupuesto que las universidades destinan al deporte sería mejor aprovechado si se destinara a actividades puramente académicas? Elabore sobre el tema.

7. ¿Cree Ud. que el deporte tiene alguna función en la formación humanística de la juventud universitaria? ¿Por qué?

III. DISCUSION

Discutan en la clase, o en pequeños grupos cada uno de los distintos aspectos que presentan:
"Los deportes en las universidades norteamericanas".

EL TRIUNFO

Es sólo al encararse con él, cuando se ponen a prueba los quilates del mérito del triunfador. Como las monedas sobre el mármol, el hombre, al chocar con la victoria, es cuando da con precisión el sonido del metal legítimo o el falsete de la hoja, hasta entonces tal vez disimulado. Si el deber fundamental del varón es ser austero, nunca peligra su cumplimiento como en el instante de vencer, porque el humo del incienso es un veneno que ahuyenta y mata la austeridad.

Así, pues, el hombre que lo sea, en la noble acepción de la palabra, no ignora nunca que, por grande que haya sido el coeficiente personal en la consecución del éxito, éste no es jamás un bien conquistado, del que puede disponerse libremente y con miras egoístas, sino un préstamo que sus contemporáneos hacen al vencedor. Préstamo usurario que hay que cancelar a fuerza de un exceso de desinterés y de

encararse con / *to face* • **él** / se refiere al triunfo • **quilate** / *carat* • **triunfador** / *victor*
monedas / *change*

hoja / *counterfeit*
disimulado / *disguised*
peligrar / *to endanger*
cumplimiento / *performance*
veneno / *poison* • **ahuyenta** / *scares away*
acepción / *meaning*

coeficiente / *factor*
consecución / *attainment*
miras / *intentions*

préstamo / *loan*
a fuerza de / *by dint of*

tolerancia. En medio del clamor de los aplausos, el hombre inteligente cerrará los ojos y con la mente pedirá a los que le aclaman: ¡Perdón por haber vencido!

Marañón: *El deber de las edades* (1927), O. C. III, p. 151.

EJERCICIOS

I. ESTUDIO LEXICO

A. *Cambie la palabra en cursiva por otra que se encuentra en el texto.*

1. José se *enfrentó* (_____) con el jefe de la oficina para pedirle aumento de sueldo.
2. No tenía *monedas* (_____) para dárselo al pordiosero.
3. Me *espantan* (_____) los exámenes de fin de curso.
4. No todos los medios son lícitos para el *logro* (_____) del éxito.
5. Fui a la casa de empeños y me hicieron un *crédito* (_____) de mil pesetas.
6. María está ahorrando con la *intención* (_____) de comprarse un televisor.

B. *Explicar las siguientes frases o palabras:*

encararse con	quilates
sobre el mármol	el falsete de la hoja
humo del incienso	hombre que lo sea
bien conquistado	préstamo usurario

II. EXPRESE SU JUICIO

1. ¿Cuál es el sentido moral del triunfo según Marañón?
2. Un novelista dijo lo siguiente: ". . . tenía un sentido guerrero, y el que triunfaba dejaba detrás de sí un tendal (*canvas used to catch falling olives*) de víctimas". Interprete la cita.
3. ¿Cree Ud. que la noción del triunfo socio-económico debería eliminarse en una sociedad ideal? Explique.
4. ¿En qué sentido la necesidad del triunfo perjudica a la institución universitaria?
5. ¿Cómo interpreta Ud. la frase "perdón por haber vencido"?

6. Explique las causas que inducen a Marañón a considerar el triunfo como un préstamo social.

III. DEBATE

Escojan uno de los temas siguientes para desarrollar un debate en la clase.
"La conducta ante el éxito"   "El triunfo y los deportes"

EL IDOLO

La verdad es que no hay otro país que contemple con más fervor que el nuestro el salto de un hombre desde el anónimo o la modestia a la gloria. Lo que nos cuesta más trabajo es mantener ese fervor, cuando ya todos lo han reconocido. Cierto es que, a veces, nuestro pueblo parece que se goza y ensaña en esa tarea, común a todas la multitudes y no exclusiva de la hispánica, de derribar los ídolos que ha levantado. Cuando se hizo una de las primeras ascenciones en mongolfier, aquí en Madrid, se preguntaba el personaje de una farsa que sobre la escena comentaba el suceso si aquella gente que acudía a ver subir el globo iba a entusiasmarse con la hazaña del aeronauta o a esperar con secreta fruición su posible caída desde los cielos.

Esto mismo nos podemos preguntar cada vez que la masa española se enciende de fervor ante el literato, o el artista, o el deportista, o el político que rápidamente se elevan hacia la gloria. Nunca se sabe si se enternece con su triunfo o si está esperando la costalada. Pero yo creo que la respuesta pesimista no es la exacta . . . Quizá sea esta contribución entre los iberos más severa que en otras partes; pero es ley universal y no hay que colgar al español pecados que son de todos.

contemplar / *to look at*

cuesta trabajo / *is hard*
reconocer / *to become aware*
ensañar / *to feed on*

derribar / *to knock down*
ascensión / *ascent*
mongolfier / *hot air balloon* (del inventor J. M. Montgolfier)
suceso / *event* • **acudía a ver** / *came to see*
hazaña / *feat*
fruición / *pleasure*

encender / *to ignite*

se enternece / *is moved*
costalada / *a violent fall*

colgar / *to attribute* • **pecados** / *faults*

Marañón: Del prólogo al libro *La familia de Pascual Duarte*, de Camilo J. Cela (1951), O. C. I, pp. 611–12.

EJERCICIOS

I. ESTUDIO LEXICO

A. *Busque en el texto palabras o frases referentes a las siguientes y luego forme Ud. oraciones completas con ellas.*

abatir entusiasmo
cebarse con asistir
proeza caída

B. *Escriba oraciones originales empleando las expresiones siguientes.*

1. (costar trabajo) _____

_____

2. (resultar difícil) _____

_____

3. (hojas de laurel) _____

_____

4. (boletín de descuento) _____

_____

5. (pasar por alto) _____

_____

C. *¿Qué palabras o frases equivalen exactamente a las definiciones que siguen?*

1. Billete para entrar en un sitio. _____

2. Publicación informativa. _____

3. Símbolo de gloria. _____

4. No tener en cuenta. _____

5. No referise a una cosa. _____

6. Exigir un esfuerzo. _____

7. Corona de gloria. _____

II. TEMAS DE CONVERSACION

1. Exponga Ud., de acuerdo con Marañón, la conducta de las masas frente a la figura (persona) del ídolo.

2. ¿Por qué la sociedad americana necesita de la creación constante del ídolo para consumo (uso continuo) del público?

3. ¿Por qué entre los *ídolos* americanos el intelectual raramente aparece?

4. ¿Qué órganos de difusión (radio, televisión, etc.) contribuyen a crear y a derribar al ídolo?

5. ¿Cree Ud. que el hombre con una debida (acertada) formación intelectual suele prescindir del ídolo? Discuta.

III. INTERPRETACION

Oralmente o por escrito interprete el dibujo de Goya.

La fortuna trata muy mal a quien la obsequia. Paga con humo la fatiga de subir y al que ha subido le castiga con precipitarle.

LA CORRIDA DE TOROS

Empezaré por decir que no figuro entre los entusiastas de las corridas de toros, aunque reconozca la insuperable belleza de algunos de los lances que, a veces, ofrece esta fiesta al espectador. De los tres elementos que forman la corrida, esto es, el torero, el toro y el público, encuentro que hay uno antipático y en muchas ocasiones despreciable, que es el público; otro, físicamente hermoso, pero demasiado estúpido, que es el toro, y otro, casi siempre digno de la mayor estimación, que es el torero.

El torero suele ser ejemplar humano de excelente calidad. Es, por lo común, un español salido de la nada, lleno de la noble ambición de triunfar y, sobre todo, de ser dueño de tierras, a las que ama como no son capaces de amarlas los que las han heredado; y cuyo bienestar, logrado con tantos peligros y tanto dolor, gusta repartir generosamente. Creo que no hay héroe más sencillo y amable que el torero; y eso que su gloria, en los grandes días, debe producir, cual ninguna otra, la emoción del vencedor directo, que es la que más se sube a la cabeza. Vencedor del bruto astado y del monstruo de veinte mil cabezas que le acecha desde los tendidos.

El arte taurino está en perenne renovación. En eso consiste su insuperable atractivo. No hay ningún arte cuyos fundamentos sean tan aleatorios e imprevistos y que, por lo tanto, supere a éste en capacidad de nuevas creaciones. El torero que no sea enteramente adocenado sale al ruedo, cada tarde, sin saber más que una parte de lo que va a hacer. Aun lo inexcusable de su cometido, que es el matar al toro, puede, a veces, por desgracia suya, no lograrlo, y los apacibles eunucos devuelven a los corrales a la maltratada pero viva fiera. Sobre un núcleo de trámites seguros y reglamentarios, el hombre que lucha con el toro tiene, pues, abiertos todos los caminos de la improvisación, hija unas veces de la inspiración artística y otras de la necesidad.

Trátase de una fiesta a la que cualquiera puede asistir, si es bastante rico para adquirir el billete; pero cuya técnica, complicada y sutil, cuyos rigurosos reglamentos y cuya ingente casuística, expone a graves errores a quien pretenda opinar sin la suficiente auto-

---

figurarentre / *to be among*
reconocer / *to be aware of*
lance / en el toreo cada acción considerada por separado

antipático / *loathsome, odious*
despreciable / *despicable*

digno / *worthy*

ejemplar / *specimen*

triunfar / *to succeed*

capaz / *capable*
bienestar / *well-being*
repartir / *divide, distribute*
y eso que . . . / y por eso
cual / como

bruto astado / toro

acecha / *lurks* • **tendido** / galería en la plaza de toros

imprevistos / *unforeseen*

adocenado / *ordinary* • **ruedo** / plaza de toros
cometido / *mission, purpose*
apacible / *peaceful*

fiera / *beast*

ingente / *huge, inmense*
casuística / *casuistry*

ridad y erudición. En ningún otro sitio del mundo ocurre lo que en la plaza; a saber: que si alguien se permite emitir en alta voz un juicio no ortodoxo, puede surgir a su lado un aficionado de autoridad que severamente le diga "Usted se calla, porque no entiende de esto."

a saber / *that is*

Marañón: *Toros y Versos* (1944), O. C. I, pp. 660–61.

EJERCICIOS

I. ESTUDIO LEXICO

A. *Escoja la palabra o la frase que mejor corresponde.*

1.	reglamentario _____	**a.**	inmenso
2.	lance de fortuna _____	**b.**	determinado por la ley
3.	subirse a la cabeza _____	**c.**	apacible
4.	ser digno de _____	**d.**	repugnante

5. dueño _____   e. mediocre
6. antipático _____   f. merecedor
7. adocenado _____   g. accidente imprevisto
8. manso _____   h. propietario
9. ingente _____   i. envanecerse
                           demasiado

B. *Complete las oraciones siguientes con una palabra o frase adecuada.*

1. Ferdinando es un toro _____.

Los sanfermines, Pamplona.

2. El arquitecto ha terminado un proyecto _____ y además muy importante.

3. Fulano gana pleitos raramente, es un abogado _____.

4. Manolete era un torero _____ de admiración.

5. Todos los toreros tienen que llevar trajes _____.

6. En la plaza de toros de Madrid a veces el público es _____.

II.   TEMAS DE CONVERSACION

1. Explique Ud. la frase del Dr. Marañón: "otro, físicamente hermoso, pero demasiado estúpido que es el toro".

2. ¿Cuáles son las cualidades (atributos) del torero que inspiran simpatía y admiración en el Dr. Marañón?

3. Exponga Ud. sus sentimientos sobre la "Fiesta Nacional de España".

4. ¿Cree Ud. que la corrida de toros es un espectáculo de salvajismo (brutalidad) o de arte? Argumente (discuta) Ud. sobre ambos puntos de vista.

5. ¿Sería posible organizar una corrida de toros en los Estados Unidos? ¿Qué elementos culturales del país se incorporarían en tal presentación?

6. Si este acontecimiento (evento) se realizara, ¿cuál sería la reacción del público en general y de los protectores de animales en particular?

HOY

EL "JOGGING"

Uno de los anglicismos más empleado en la actualidad quizá sea "jogging"°. Es el gerundio del verbo *to jog,* que significa correr despacio a velocidad sostenida, pero su significado real es: "correr durante un cierto tiempo a un ritmo suave y con el único fin de hacer ejercicio."

Dentro de esta definición encasillamos a un gran número de personas. Según la estadística son casi el 70 por 100 de los corredores que vemos por nuestras calles, parques, pistas de atletismo, etcétera.

¿Por qué llega a hacer "jogging"? Es curioso, pero casi todo el mundo coincide en que estuvo un tiempo dudando empezar o no, pero, una vez rota esa especia de "timidez", todo le fue más fácil. Esta "timidez" se da mucho más en las féminas; tanto es así que muchas de ellas tienen que organizarse con un grupo y, si éste falla, no salen a correr.

Las motivaciones por las que la gente llega al "jogging" son múltiples. Podemos hacer tres grandes grupos generales que abarcan todas:

—En el primer grupo entrarían todas las motivaciones cuya constante fuera la necesidad de ejercicio.

—En el segundo, las motivaciones de salud física.

—Y, en el tercero, las del bienestar psíquico o salud psíquica.

El primer grupo es el que cuenta con menos adeptos, ya que nuestra mentalidad típica no nos conduce a la práctica del ejercicio porque sí, sin más. Le sigue el grupo tercero, en el cual ya hay bastante gente que ha comprobado que el ejercicio "descarga" de las tensiones de la vida cotidiana. También están los que realizan trabajos intelectuales. Saben que el descanso de la mente es el ejercicio físico.

El grupo con mayor número de practicantes es el segundo. Está comprobado que muchas enfermedades del aparato respiratorio y cardiovasculares se evitan con la carrera suave, que también sirve de terapia para otras.

Fuese cual fuese la motivación para correr, creo que todo el mundo, antes de empezar, debería tener el visto bueno de un médico mediante unas pruebas simples y sencillas.

actualidad / *present time*
°En España se dice *footing.*

suave / *gentle, easy*

encasillar / *pigeonhole, classify*

fémina / *woman*

fallar / *fail*

abarcar / *include*

adeptos / *followers*

porque sí / (emphatic expression)

descarga / *discharge*
cotidiana / *daily*

fuese cual fuese / *whatever*

visto bueno (V.B.) / *the O.K.*
mediante / *through, by*

EXPONGA SU OPINION

1. ¿Cuáles son las motivaciones por las cuales la gente se dedica al "jogging"?
2. ¿Por qué se emplea un anglicismo? Según usted, ¿cuál sería una palabra española que expresara el sentido de "jogging"?
3. ¿Quién practica el "jogging" en su universidad?
4. ¿Cuál es la diferencia entre "jogging" y correr?
5. ¿Qué equipo se necesita para dedicarse al "jogging" seriamente?
6. ¿Por dónde se ven correr los practicantes?
7. ¿Qué piensa Ud. de la tesis que algunos médicos sostienen que el "jogging" es dañino para las mujeres?
8. ¿Cuáles son los peligros para el practicante que corre por las calles urbanos?
9. ¿Cuáles son los beneficios físicos que produce el "jogging"?
10. ¿Qué otros beneficios se atribuyen al "jogging"?

OPINION

LOS TOROS

La milenaria crónica de "los toros" está impresa en las huellas de la tradición humana. Frescos pictóricos ibéricos y fenicios, mosaicos y cerámica greco-romana, inscripciones anteriores a Cristo documentan la afición del hombre al bruto astado°.

En la edad media española el toreo es un ejercicio de la nobleza y se practica en torneos y justas. Más tarde ese ejercicio taurino pasa a formar parte de las manifestaciones pueblerinas, y desde aquí evoluciona la importancia social del torero. En el siglo XVIII el rito se profesionaliza y se encarrila hacia el refinamiento técnico y estético. Sus partidarios aspiran a elevarlo al nivel del arte citando con convinción la destreza y la dignidad del torero, la fiereza y bravura del toro y su bestial hermosura, la plasticidad de la plaza, el ambiente emocional, la música, el público, la pasión son en conjunto, mantienen ellos, manifestaciones de valor estático.

huella / *footprints*

°el toro
toreo / *bullfighting*
justa / *joust*

pueblerino / *of the village*

encarrilar / *to put on track*

destreza / *skill* • **fiereza** / *fierceness, ferocity*

en conjunto / *as a whole*

Domingo Ortega
El clasicismo

Diego Puerta
El valor

El Cordobés
La heterodoxia

A. Ordóñez
La majestad

El Viti
La seriedad

Los toros también han tenido sus detractores. Desde los tiempos paganos (Séneca, Lucano) hasta nuestros días moralistas, religiosos, pensadores, sicólogos, en suma, toda gente a cuyas sensibilidades ofende la corrida han planteado polémicas poderosas contra la fiesta brava.°

°corrida

Claro es que la corrida de toros es un anacronismo. Es un rito medieval violento planteado en un mundo moderno que profesa justicia moral. Es una paradoja en el sentido que la misma gente que la desprecia por razones éticas es capaz de gozar de una excelente tarde de "toros". Aunque la popularidad de los espectáculos taurinos haya diminuido en la sociedad moderna española cabe notar que durante las recientes fiestas de San Isidro en Madrid se ofreció a plaza llena un mes continuo de toros.

capaz / *capable*

cabe notar / *one should note*

SATIRA

LA FIESTA NACIONAL

La ventaja que tienen las corridas es que se trata de un espectáculo a donde se puede ir sin saber nada de nada, porque los vecinos de plaza son todos y siempre grandes expertos en el asunto y no dejan una sola ocasión sin manifestar a voz en cuello su opinión, que suele ser inapelable e infalible.

plaza / *seat*

voz en cuello / *at the top of one's voice*

Una de las fieras que sale a la plaza pesa 555 kilogramos, tiene unos cuernos terroríficos, un morrillo monumental y unos ímpetus que obligan a Jorge a abrazarse a su mujer. El vecino de atrás, que está bien colocado en coñac y con un puro, lanza de repente con voz de trueno:
—¡Va porquería de toro! ¡¡Está cojo!! ¡¡Está cojo!!
Poco a poco toda la plaza empieza a gritar como en Fuenteovejuna°:
—¡Fuera, fuera, fuera! Miles de personas dirigen miradas y puños amenazadores hacia el palco presidencial.
—Pues, ¡qué quieres que te diga!, Haydée, yo no le veo la cojera a ese toro por ningún sitio.
—Cállate, Jorge. Que nos pueden linchar si te oyen.

morrillo / *fat of the neck*

bien colocado / *well fixed*

porquería de / *very bad*

°pieza dramática de Lope de Vega (1562–1635)
amenazador / *menacing* • **palco** / *box*

cojera / *limp*

Al caer las primeras gotas de lluvia, el público redobla su indignación hacia la presidencia, blandiendo las entradas en la mano: "¡Quemos pagao pa ver toros no pa ver minusválidos!" "¡A ver si te aprendes el reglamento pedazo de estiércol!"

blandir / *brandish*
entradas / *tickets* • **quemos** / que hemos
minusválidos / *second rate*
estiércol / *dung, manure*
vejete / *little old man*

—Pero bueno—comenta un pacífico vejete que ha ido con su nieto. —Si esto más que una corrida de toros me recuerda a los mítines cuando se juntaban los partidos socialistas y comunistas, allá por el año . . .

—Cállate, abuelo, que la liamos—responde el nieto nervioso y volviéndose hacia el vecino de atrás que se ha puesto monotemático con lo del reglamento. ¿Quiere usted dejar de dar la lata con el reglamento?

liar / *to get into trouble*

dar la lata / *to bug, bother*

—Aquí hay que saberse el reglamento—responde airado el vecino.

—De manera que yo pago más de mil pesetas y encima me tengo que estudiar antes el reglamento. ¡Pues ni que fueran unas oposiciones!

encima / *on top of it*
oposiciones / *competitive exams*

A estas alturas, el presidente está completamente alucinado, el toro aburrido de dar vueltas por el ruedo y todo el público en un estado de excitación preinfártico. Por fin, el presidente saca el pañuelo y el toro vuelve a los corrales. Sale el sobrero y la lidia sigue su curso.

ruedo / *arena*

sobrero / *extra bull* • **lidia** / *fight*

Al final todo el mundo se va a casa exausto pero satisfecho, pensando para sus adentros que pase lo que pase hay que salvar la fiesta nacional. No por los toros ni por los toreros, sino porque es el único sitio donde se puede insultar, amenezar e imprecar a la autoridad impunemente.

pase lo que pase / *come what may*

EJERCICIOS

A.   *Carmen Rico Godoy emplea muchas expresiones del lenguaje usado corrientemente. ¿Ha encontrado Ud. algunos que antes no conocía? Haga una lista de las mismas y luego empléelas en oraciones originales.*

1.   (   ) _____

_____

2.   (   ) _____

_____

3. (   ) _____

    _____

4. (   ) _____

    _____

5. (   ) _____

    _____

6. (   ) _____

    _____

    B. *Enumere Ud. las palabras nuevas que ha aprendido en leer el artículo sobre los toros y luego prosiga a dar definiciones de las mismas.*

LAS OLIMPIADAS

En Olimpia, antigua ciudad griega, a 96 kilómetros de Esparta, cobra vida con aureola de ritual de acto primero de una larga secuencia de emociones, no exenta de frustraciones, donde el derroche de facultades físicas compite con el talento con que son administradas, y que habla del notable espíritu de superación del hombre frente a situaciones límites. Nacen, de esta manera, los juegos olímpicos de la era moderna.

Las olimpiadas son eso: La cita de los mejores en sus respectivas disciplinas deportivas; la aceptación también de sacrificios, incomodidades previas y renuncias de toda clase, por parte de los miembros de las delegaciones. El encuentro, igualmente, con la necesidad que tiene el hombre de ascender, escalar, establecer apremiantemente la cota máxima de sus posibilidades, en actos que tienen algo de heróicos por el esfuerzo y entrega que suponen.

Y todo, en las coordenadas de una carrera que no cesa, pero que no es loca sino cronometrada, medida, ajustada, precisa y calculada, y que tiene por meta la consecución del título, de la medalla olímpica—oro, plata y bronce—que compensa el esfuerzo. El participante sabe que es preciso la educación de los resortes del cuerpo (convertido ahora en una lubricada máquina de batir, de pulverizar marcas), con el anhelo legítimo de conceder a los propios sueños—sueños

cobrar vida / *to come to life* •**aureola** / *halo*
exenta / *free of*
derroche / *profusion*

cita / *meeting*

apremiantemente / *with insistence*
cota máxima / *top level*
entrega / *submission, dedication*

medida / *measured*

consecución / *attainment*

resorte / *spring*

batir / *to bear* • **anhelo** / *longing*

Atletismo

Remo   Baloncesto   Boxeo   Piragüismo

Ciclismo   Esgrima   Fútbol   Gimnasia

Halterofilia   Balonmano   Hockey   Judo

Lucha   Natación   Pentatlón moderno   Hípica

Tiro   Tiro con arco   Voleibol   Vela

de gloria, de prestigio, de reconocimiento—, el justo marco de sus aspiraciones.

ACTIVIDAD

Al lado se exponen 21 símbolos que representan los deportes de los juegos olímpicos. Describa sus deportes favoritos.

JUEGOS

Una de las formas de pecar era, antes, visitar las salas de billares. El humo se podía cortar con guadaña, los jugones—pequeña hampa urbana—entizaban los tacos con aire despectivo y los niños miraban, anhelando el momento en que dejarían el futbolín para alcanzar la más alta meta del billar. Era forma de crecer y hacerse hombre como Dios manda. En los futbolines se fumaba, se faltaba a la escuela y se adquirían los indispensables gestos que servirían para el mañana.

pecar / *to sin*
billares / *billiards* • guadaña / *scythe* jugones / *addicted players* • pequeña hampa / *small city hoods* • entizar / *to chalk up* • taco / *billiard cue* • futbolín / *table soccer* meta / *goal*

futbolines / *game halls* gestos / *looks*

La relación con el futbolín era de dos como mínimo y de seis como máximo y fomentaba la pandilla y el grupo. Tenía algo de juego colectivo, de diversión participante y compartida. Pero con los marcianitos es diferente. Todo lo que hay que hacer es meter cinco duros en una ranura y abrazarse a la maquinita mientras se pulsan botones.

pandilla / *gang, band*

marcianitos / *video games*

ranura / *slot*

Una máquina de marcianitos es un ordenador que recibe impulsos de un tablero, cuyo panel de tanteo es una pantalla de video. Con ellas, al igual que antes con el futbolín y el billar, los niños se hacen hombres a edad temprana. La ceremonia de la adquisición de la virilidad pasa, hoy día, por la obligada visita a las salas de tragaperras.

ordenador / *computer* tablero / *board* • panel de tanteo / *scoreboard* pantalla / *screen*

Los salones recreativos son asépticos, limpios, de plástico. El antiguo ''jefe'' de los billares-futbolín, un tipo normalmente malencarado y agrio que repartía capones cuando se golpeaba al futbolín para que la bola no bajara, ha sido sustituido por unos sujetos uniformados de azul que atienden por vigilantes o mecánicos. En esos lugares no se escucha nada más que ruido mecánico, chasquidos y el fragor de las palancas de las tragaperras. Cada uno va a lo suyo en silencio y sin preocuparse de lo que hace el vecino.

el tragaperras / *slot machine*

malencarado / *ugly, mean looks* capones / *fillip = hit on the head with the knuckles* • sujeto / *type, dude*

chasquido / *cracking sound* • fragor / *crash* palanca / *lever*

Las madres dejan tranquilamente a sus retoños gastarse una pasta frente al video asesino, mientras que antes dejaban sin cenar al osado visitante del tugurio humoso y sucio del futbolín.

retoño / *sprout, offspring*
pasta / *money*

tugurio / *hut, hovel*

ACTIVIDAD

Según sus experiencias, ¿cuáles son las características de los salones recreativos? Escriba Ud. una carta a un amigo en España en la cual Ud. expone sus impresiones sobre esa nueva chifladura (fad) que ha invadido todo un sector de la sociedad americana.

ACTIVIDAD

VOCABULARIO ESPECIAL

Un Partido de Tenis

ventaja:	llevar una ventaja	*to lead*
	tener la ventaja	*have the advantage*
campo de . . .		
pista de . . .	*field, court*	
partido	*game*	
empatar	*to tie*	
empatado		
igualado(a)		
empate		
saque	*service*	
revés	*backhand*	
set		
tanteo	*score*	
raqueta		
pelota		
red		
out		
dobles		

Construye un diálogo entre dos amigos que quisieran pasar una tarde jugando al tenis.

¡OJO!

Busque en el diccionario los varios significados de las siguientes palabras y luego emplee cada una en sus distintos valores semánticos en oraciones originales.

1. fruición
2. aficionado
3. equipo
4. fútbol
5. fútbol americano
6. pretender

24
EL FEMINISMO

Que se la llevaron!

La mujer que no se sabe guardar es del primero que la pilla y cuando ya no tiene remedio se admiran de que se la llevaron.

AYER

LA ESPAÑA DE MARAÑON

Feministas y antifeministas

> Las injusticias seculares en que la mujer ha estado colocada (*placed*) ante el derecho serán pronto un recuerdo, y ésta encontrará cada día nuevos cauces (*channel*) sociales para sus actividades legítimas. Pero por encima de todo, mientras la Tierra esté poblada de seres humanos, el sexo de cada uno de éstos implicará una división fundamental de trabajo, no menos honda (*deep*) para la hembra (*woman*) que para el varón (*man*). Este será siempre el que haga la Historia. La mujer tiene reservado el destino, aún trascendental: el de hacer al Hombre, padre de la Historia. (O. C. X, p. 536)

EL FEMINISMO

El problema del feminismo ha sufrido en estos últimos años una evolución muy rápida que no podrá ocultarse ni aun a los menos interesados por él. Durante mucho tiempo las feministas que proclamaban la emancipación de la mujer han agitado el mundo pidiendo la igualdad de ambos sexos. Igualdad total, en los derechos y en la intervención en los factores de la vida pública, que estaban hasta entonces reservados al varón.

ocultar a / *to hide from*

varón / *man*
hacer coro a / *to echo*

Las feministas y los hombres que las hacían coro miraban hacia fuera, hacia la organización social; pero no hacia su propia organización fisiológica. Es cierto que el hombre había arreglado las leyes a su antojo, limitando arbitrariamente la capacidad de acción de la mujer, reduciéndola de un modo estricto al hogar y además no compensando esta diferencia con una posición privilegiada ante el derecho. Pero es indudable que al obrar así, el sexo fuerte no creaba una injusticia, sino tan sólo interpretaba abusivamente un estado de desigualdad natural e inmodificable entre ambos sexos.

a su antojo / *to suit his fancy*

hogar / *home, household*

obrar / *to act, proceed*

Esta desigualdad biológica era el tope que marcaba el distinto camino que cada sexo había de seguir en la vida; tú, mujer, parirás: tú, hombre, trabajarás. Y en efecto, han bastado pocos años de contacto con la realidad (y con la realidad de una de las épocas más agudas de la historia) para que la revolución feminista haya entrado por su verdadero carril. Igualdad en los

tope / *the rub, the trouble*

parir / *to give birth*
en efecto / *in fact*
bastar / *to suffice; be enough*

carril / *groove, rail, path*

derechos, incluso superioridad en muchos derechos para la mujer; pero diferenciación fundamental de actuaciones, puesto que el organismo está construido en cada sexo para actuar de un modo diferente, como acabamos de ver. El hombre es un motor, muscular y psíquico, provisto, de un modo casi accesorio, de un órgano generador. La mujer es un gran mecanismo generador dotado de una sensibilidad exquisita para reaccionar ante el ambiente, en provecho del fruto de esa generación. Y cada uno tiene su aplicación en la marcha del mundo, como la tienen diferente el clavo y el martillo.

puesto que / *since*

dotado / *endowed with*
en provecho / *for the benefit*

Marañón: "Sexo, trabajo y deporte" (1925), O. C. III, pp. 105–06.

EJERCICIOS

I. ESTUDIO LEXICO

    A. *Escriba cuatro oraciones originales empleando las expresiones siguientes:*

hacer coro   dar a luz
puesto que   a su antojo

    B. *Busque en el texto palabras relacionadas con las siguientes y luego forme Ud. frases con ellas.*

esconder   casa
actuar   limite
camino   provisto
beneficio   paro
fin   hombre

II. TEMAS DE CONVERSACION

    1. ¿Cómo interpreta Ud. la emancipación de la mujer?

    2. ¿En qué sentido la emancipación de la mujer ha cambiado las relaciones de ella con el hombre?

    3. ¿Es posible y deseable la igualdad absoluta entre hombre y mujer? Discuta.

    4. Para mantener el equilibrio familiar, ¿se puede aconsejar una cierta dependencia de la mujer al varón y un cese (paro) de las actividades laborales de aquélla?

5. ¿Cree Ud. que desde el punto de vista erótico masculino debe abandonar la mujer el intento de asemejarse (parecerse) progresivamente al varón? Opine.

6. ¿Piensa Ud. que la sociedad actual está concebida desde un punto de vista masculino o femenino? Argumente Ud. sobre el tema.

7. Enumere los aspectos en que la mujer se encuentra en una situación de desventaja con respecto al varón.

8. ¿Piensa Ud. que en su búsqueda (*pursuit*) de la igualdad la mujer necesariamente tiene que perder su feminidad? Discuta.

III. DISCUSION

Discuta en clase el tema siguiente:
"Los aspectos sociales y económicos del movimiento femenino"

LIMITACION DE LA NATALIDAD

El problema de la limitación de la natalidad es tremendo, porque las condiciones actuales de la vida lo plantean con creciente gravedad, y en los países materialmente ricos con mayor urgencia aún que en los pobres. Desde el punto de vista religioso, la solución es única e indiscutible. Pero desde el punto de vista de la enfermedad, de la madre y de los hijos futuros, el médico no tiene más remedio que opinar y aconsejar. Yo lo he hecho en otras ocasiones; y aunque nada he escrito nunca sin estar seguro de la ortodoxia de mis palabras; y no, claro es, por mi propia opinión, sino por la de los que me la podían dar, he tenido que oír no pocas invectivas y soportar agravios sin cuento. No me importa. Sé que jamás he dicho nada que no debiera decir y que frente a las exigencias de la salud del individuo y de la especie, que son para el médico sagradas, jamás he propuesto a nadie otra solución que la castidad. Ahí está, en papel impreso, cuanto he pensado sobre este arduo aspecto de nuestra profesión. Pero los que no tienen buena voluntad no juzgan por lo que se ha dicho, sino por lo que ellos inventan. Todavía hace poco andaban escritas en una revista opiniones arbitrarias atribuídas a

plantear / *to establish* • gravedad / *seriousness*

indiscutible / *undeniable*

no tiene más remedio / *has no other recourse*
aconsejar / *counsel, advise*

soportar / *bear, suffer* • agravios / *insults*
sin cuento / *innumerable*

papel impreso / *written, in black & white*

hace poco / *not long ago*

mí. Porque no hay nada más fácil para los necios que inventar enemigos a la medida de su propia estupidez.

Lo que pasa es que los fariseos que rasgan sus vestiduras cuando oyen decir que la función divina de la paternidad no puede afrontarse sin todas las responsabilidades y sin todas las garantías, no son capaces de sacrificar virilmente su instinto; y, por satisfacerlo ponen, a sabiendas, en peligro la existencia de una mujer y engendran, conscientemente, un ser miserable condenado a morir.

"Cásate para no quemarte", decía el Apóstol y he repetido yo tantas y tantas veces. Pero el Apóstol no dijo: "Cría hijos enfermos y destroza a una mujer nada más que para no quemarte". La solución se encuentra siempre dentro de la ortodoxia más estricta, sin más que un poco—o un mucho—de los que caracteriza al varón verdadero, que es la renunciación.

necio / *fool*
a la medida de / *in proportion*

fariseo / *hypocrite*
rasgan sus vestiduras / *are scandalized*

virilmente / *in a manly way*

destrozar / *to ruin*

Marañón: "Profesión y ética" (1952), O. C. III, pp. 762–63.

EJERCICIOS

I. ESTUDIO LEXICO

A. *Haga la paráfrasis de las locuciones que siguen.*

1. No tiene más remedio

2. Papel impreso

3. Rasgar las vestiduras

4. A la medida

B. *Escoja en el grupo A la palabra que es el sinónimo de la palabra que aparece en el grupo B.*

A.		B.	
1.	ofensa	establecer	_____
2.	hipócrita	seriedad	_____
3.	necio	agravio	_____
4.	plantear	fariseo	_____
5.	tolerar	tonto	_____
6.	incontestable	soportar	_____
7.	gravedad	indiscutible	_____

C. *Amplie las frases siguientes:*

1. Fue Franco a plantear una época ⸻

⸻

2. Era inevitable, ahora la situación ⸻

⸻

3. Los sastres de Hong Kong hacen trajes ⸻

⸻

4. La falta de confianza es ⸻

⸻

5. Hace el tonto ⸻

6. Durante la dictadura no ⸻

⸻

7. Más que el fuego, han sido los bomberos ⸻

⸻

II. ANALISIS

1. ¿Piensa Ud. que la exposición que hace Marañón del problema de la natalidad es válida para la realidad actual? Discuta.
2. ¿A qué se refiere Marañón cuando cita la frase "Cásate para no quemarte"?
3. Según Marañón, ¿quién tiene la responsabilidad de limitar la natalidad? ¿Cómo debería efectuarse la solución?

III. EXPRESE SU JUICIO

1. ¿Por qué es importante el control de la natalidad en el mundo actual?
2. ¿Cree Ud. que la limitación de la natalidad debe amoldarse a reglas morales o sólo y puramente a criterios de efectividad?
3. Exponga Ud. los posibles medios de control de natalidad y dé Ud. una valoración ética de los mismos.
4. El control de la natalidad, ¿debe ser ejercido voluntariamente por los individuos o impuesto forzosamente por el Estado?

LA MUJER Y LOS CARGOS PUBLICOS

El ejercicio de los cargos públicos que requieren gran independencia de criterio, resistencia a la sugestión, firmeza de juicio, iniciativa intelectual rápida, voluntad recia, y aun cierta dureza sentimental, es francamente incompatible con la contextura espiritual de la inmensa mayoría de las mujeres. Aquel médico de Leónidas Andreiev[1], tan profundo en su locura, decía que "en el mundo ha habido mujeres inteligentes, bondadosas y llenas de talento; pero jamás vio ni verá el mundo una mujer justa". No suscribiría yo estas rudas palabras; pero sí declaro que la inhibición pasional necesaria para el momento solemne de administrar la justicia me parece muy difícil de lograr por el espíritu exuberantemente sentimental de la mujer. En este punto creo que la práctica hará inútil toda discusión.

ejercicio / *tenure*
cargos públicos / *public office*

recia / *strong*
contextura / *structure*

profundo / *profound*

bondadosa / *kind*
subscribir / *to endorse*

---

1. Andreiev, Leónidas Nicolaiévich (1871–1919), novelista y dramaturgo ruso.

Marañón: *Biología y feminismo* (1920), O. C. III, p. 25.

EJERCICIOS

I.   ESTUDIO LEXICO

A. *Escoja en los grupos B y C las palabras que son los sinónimos de cada palabra en el grupo A.*

A.	B	C	**B.**		**C.**	
suscribirse			1. fuerte		1. benevolente	
contextura			2. amable		2. discernimiento	
criterio			3. duro		3. constitución	
recio			4. adherirse		4. áspero	
rudo			5. robusto		5. fuerte	

B. *Sustituya la parte en cursiva por un sinónimo adecuado.*

1. El nogal es un árbol *robusto* (_____).
2. El atleta tiene una *contextura* (_____) musculosa muy sana.
3. Es muy *amable* (_____) con otras personas.

4. *Se conforma* (_____) con la opinión de los demás.
5. Juzga el arte con *discernimiento* (_____) pedántico.
6. Una persona o cosa *carente de finura* (_____).

II. TEMAS DE CONVERSACION

1. ¿Por qué piensa Marañón que hay incompatibilidad entre la naturaleza (esencia) feminina y los cargos públicos?
2. ¿Cree Ud. que la naturaleza femenina es sentimental? Explique.
3. ¿Cuál sería la postura de las "feministas" frente a las ideas de Marañón?
4. ¿Cuál es su posición personal sobre el juicio expresado por el Dr. Marañón que las mujeres difícilmente pueden lograr administrar la justicia?
5. ¿Piensa Ud. que una mujer puede llegar a ser elevada a jefe de estado? ¿Podría dar algún ejemplo?
6. Discuta Ud. la eficacia de una mujer que Ud. conoce que ejerce un cargo público.

III. DISCUSION

Discuta en la clase las posibles consecuencias de una eventual elección de una mujer a la presidencia del Estado.

LA MADRE Y EL TRABAJO FUERA DEL HOGAR

Y fuera del hogar ¿debe trabajar la mujer? El criterio biológico, que procuramos sea nuestra norma, es resueltamente contrario a que las madres—fijaos bien, las madres—trabajen fuera del hogar. La cabal realización de las funciones para las que, según hemos demostrado, está trazado el organismo femenino, no es compatible con que un oficio o una profesión liberal absorba la mayor parte de las horas útiles de la jornada. El trabajo social de la mujer o se hace a costa de la maternidad, y a tal conducirían ciertas tendencias feministas; o se ha de aceptar como una necesidad impuesta por las actuales condiciones económicas del mundo.

Sólo una razón económica, que creo vergonzosa para nuestra civilización, puede prevalecer sobre las razones biológicas que aconsejan la supresión del trabajo de las madres. Por eso los Estados y las Asociaciones particulares se han ocupado de amenguar el

procurar / *to try to, to strive*
fijarse / *to notice*
cabal / *exact*

trazar / *to design*

jornada / *day*

vergonzosa / *shameful*

aconsejar / *to recommend*

particular / *private* • **amenguar** / *to diminish*

error, tratando de ayudar a las madres trabajadoras, sobre todo en el trance del embarazo y de la lactancia. En varias naciones, los legisladores han regulado el trabajo de la mujer encinta. Las mismas leyes del gobierno comunista que actualmente impera en Rusia, se ocupan de esta cuestión y establecen seguros para las proletarias embarazadas. No hablemos de los asilos, algunos ya antiguos en nuestro país, para recoger a los niños, mientras las madres ganan el sustento fuera de su casa.

En algunas de las grandes fábricas militares que funcionaban en Francia durante los años de la gran guerra, pudimos admirar la perfección técnica y el lujo de estas instalaciones, en las que los niños, exquisitamente vigilados, aguardaban a las madres que, a sus horas, abandonaban un momento la labor del taller vecino para darles el pecho y volver después a su tarea.

Todo lo justificaba entonces el trance en que se hallaba la patria, que hubo de recurrir al esfuerzo de todos sus hijos para no perecer. Pero en tiempo de paz parece que el ideal no debe ser ese hipócrita bienestar de que se rodea a las mujeres para que el trabajo injusto sea más productivo; sino que cada madre pueda serlo por entero, sin verse en la precisión de abandonar el hogar para allegar el pan de cada día.

embarazo / *pregnancy* • **lactancia** / *nursing*

encinta / *pregnant*
imperar / *to rule*

asilo / *childcare center*
sustento / *sustenance, a living*

fábrica / *factory*

vigilar / *to care for*
a sus horas / *at the right time*
taller / *shop, plant*
dar el pecho a / *to nurse*

recurrir / *to resort* • **esfuerzo** / *effort*

por entero / *totally* • **precisión** / *need*
allegar / *to earn, to gather*

Marañón: *Biología y feminismo* (1920), O. C. III, p. 23.

EJERCICIOS

I. ESTUDIO LEXICO

A. *Explica en español el significado de las palabras que siguen.*

1. cabal _____

2. jornada _____

3. a costa _____

4. trance _____

5. embarazo _____

6. encinta _____

7. mamar _____

8. sustento _____

9. taller _____

B. *Escoja en el grupo A la palabra que es el sinónimo de cada palabra en el grupo B.*

A.
1. procurar
2. trazar
3. aconsejar
4. amenguar
5. allegar
6. vigilar

B.
diseñar _____
intentar _____
disminuir _____
recomendar _____
cuidar _____
recoger _____

C. *Forme Ud. sustantivos con los verbos que aparecen en la lista de arriba.*

A.
1. _____
2. _____
3. _____
4. _____
5. _____
6. _____

B.
_____
_____
_____
_____
_____
_____

II. TEMAS DE CONVERSACION

1. ¿Cómo interpreta Ud. el sentido de la tesis del Dr. Marañón?

2. ¿Cuál es su posición personal sobre este tema?

3. ¿Cree Ud. que el trabajo de la madre fuera del hogar tiene alguna consecuencia en el desarrollo (progreso) físico y mental de los niños? Amplifique el tema.

4. En la sociedad de un país desarrollado, ¿qué necesidades de trabajo puede tener una madre?

5. Opine Ud. sobre el juicio que la verdadera misión de la mujer es engendrar (producir) y cuidar la casa.

6. Si la madre trabaja, ¿piensa Ud. que el marido debe ayudar en los quehaceres (tareas) domésticos? Discuta.

III. DEBATE

Debatan el tema siguiente:
"El empleo de las madres y la escasez de puestos"

HOY

AGRESION CONTRA LA MUJER

Detrás de cada esquina puede surgir el peligro. No importa la edad, la raza o la profesión ni el lugar o la hora. Cada mujer que se mueve fuera de su casa parece irremisiblemente impulsada a una jungla donde le aguardan miles de trampas.

esquina / *corner*

irremisiblemente / *unpardonably*
aguardar / *to wait for* • **trampa** / *trap*
indefectiblemente / *unfailingly*

Las violaciones tienen ya indefectiblemente todas las características de una plaga. Un mal que además de inextinguible aumenta cada día en medio de un clima de terror y silencio, cuando no de incomprensiones y controversias.

Atender únicamente a los datos que trascienden a la policía produce pánico. Cada cinco minutos, por ejemplo, violan a una mujer en Alemania Federal, y en Estados Unidos el promedio se mueve también en los límites de oscalofrío: cada ocho minutos se comete, con implacable puntualidad, una agresión de este tipo sobre la mujer.

atender / *to pay attention to*

promedio / *average*
escalofrío / *chill*

El delito de agresión sexual en España lleva caminos paralelos a los de los demás países. Unas 5.000 españolas sufren anualmente una violación, aunque sólo se denuncian unos 1.000 casos, según los datos de la Coordinadora de Organizaciones Feministas.

delito / *crime* • **lleva caminos** / *shows signs*

denunciar / *to report*

Pero en España, además, se persigue menos a los violadores. El miedo a las represalias y los prejuicios sociales de una sociedad que aún duda en muchos casos que un abuso sexual pueda registrarse sin alguna dosis de consentimiento parecen ser el principal condicionante para que maníacos, locos, y otras especies se muevan como el pez en el agua.

perseguir / *to persecute*

El concepto moral, que gran parte de la sociedad no ha desterrado aún, somete a la mujer violada a choques psicológicos de afrenta y hasta repudio, comparables a las condiciones de la violación misma. Y en la misma jurisprudencia de estos delitos no es difícil encontrar algunas tesis de provocación por parte de las mujeres, también de difícil comprobación. Lo que hace suponer que la plaga de los violadores puede alcanzar mayores apogeos.

desterrar / *to banish*
choque / *shock*

comprobación / *proof*

EXPONGA SU OPINION

1. ¿Qué piensa Ud. sobre la tesis que la mujer moderna se viste de manera provocativa? Elabore sobre el tema.

2. ¿Qué idea tiene Ud. de la personalidad y de la psíquis del violador?

3. ¿Por qué en la sociedad moderna existe agresión sexual en el hogar?

4. ¿Piensa Ud. que es posible la agresión sexual en el matrimonio? Explique.

5. ¿Piensa Ud. que las estadísticas de ataques sexuales son realmente más elevadas en los países industrializados o es que las condiciones sociales contribuyen a su publicidad?

6. ¿Qué pueden hacer las mujeres para protegerse?

LA MUJER DE HOY Y AYER

LOLA (relaciones públicas): "La mujer de hoy está perfectamente preparada para cumplir el papel que tiene en la sociedad, tanto dentro como fuera del hogar".

cumplir el papel / *to fulfill the role*

LIZA (estudiante): "La joven de hoy quiere, ante todo, realizarse. Tener un trabajo, unos ingresos, una cierta independencia. Sin embargo, no por ello quiere desligarse del concepto FAMILIA y entra en sus cálculos llegar a la formación de la misma".

ingresos / *income*
desligarse / *to become disentangled*
cálculos / *plans*

PALOMA (azafata): "Me identifico plenamente con la época que me toca vivir. Entiendo que se siguen dando mayores facilidades a los hombres porque 'ellos' ahora tienen mayores preferencias por parte de la sociedad".

me toca / *I must*

TERESA (periodista): "La mujer parte de cero y el hombre lleva ya años y años de ventaja. Nos separan muchas cosas. En esta carrera los hombres han empezado a correr hace mucho. Nosotras aún estamos aprendiendo a correr. Esa es la separación básica".

llevar años de ventaja / *to be years ahead*

RIAN (modelo): "Me identifico plenamente con la mujer de mi tiempo. Creo que estamos mejor preparadas que las de antes, aunque nos toca vivir un mundo más difícil".

CHAMA (puericultora): "Tenemos ambición; nos consideramos preparadas para las mayores empresas y somos conscientes de que hemos de luchar mucho para estar a la altura del hombre".

puericultora / *child attendant*
empresas / *undertaking*

estar a la altura / *to be up to, to equal*

LAS JOVENES ESPAÑOLAS

Nos hemos dado cita con diez jóvenes mujeres españolas que, de alguna manera, representan a las mujeres entre los dieciocho y los veintitrés años de nuestro país.

    En este grupo contábamos con enfermeras, secretarias, estudiantes, modelos, amas de casa, periodistas . . . . Una muestra clara de algunas de las profesiones o carreras más estimadas hoy por las jóvenes de nuestro tiempo.

darse cita / *to make a date*

contar con / *to rely on; to have*

¿Cómo son?

Esta era una de las preguntas claves del encuentro: saber cómo son y qué piensan estas mujeres que tienen ante sí el futuro y que quieren compartir el presente.

    Lo primero que quisimos saber es si había mucha diferencia entre la mujer de hoy y la de hace diez o veinte años. Ya se sabe que cada década sirve para cambiar la moda y la fisonomía, e incluso el pensamiento, de la mujer.

clave / *key*

compartir / *to share*

fisonomía / *face, character*

EL MATRIMONIO

Hoy, que tanto se cuestiona este concepto y que, según algunos, valores como el amor, la amistad, el noviazgo o el matrimonio están en baja, es muy importante hablar del tema con las jóvenes españolas. Y así se han expresado.

TERESA: "Puede que llegue el momento en que necesite pensar en él, pero, por ahora, no. Tengo otras cosas antes que he de alcanzar".

CHAMA: "Llega un momento en tu vida que comprendes que necesitas una persona a tu lado y, entonces, lo buscas. Vives con él o te casas. Esa es la cuestión para muchas de nosotras".

LIZA: "Es necesario tener un compañero en la vida. El matrimonio, la unión, vivir con un hombre no hay

noviazgo / *courtship*

alcanzar / *to attain*

que formalizarlo necesariamente por medio de un contrato".

por medio / *through*

NURIA: "Vivimos en una sociedad y tenemos que estar sujetos a algunas de sus normas. El matrimonio no es una circunstancia, sino un fin. Yo soy feliz así".

PALOMA: "Parece que es como más normal que lo hagas por la Iglesia. Yo, así lo hice. Como lo hicieron mis padres. Antes la mujer se planteaba que tenía que casarse; ahora, no".

plantear / *to establish*

LOLA: "Me casé por la Iglesia porque es la costumbre, pero me hubiera dado igual hacerlo sin tener que pasar por la vicaría. Creo que lo importante es que te complementes con tu compañero".

dar igual / *to be all the same*
vicaría / *vicar's office, rectory*

Para todas ellas, solteras y casadas, el matrimonio se basa en la amistad, el respeto, la sinceridad y el amor mutuo de cada una de las personas que lo componen.

Todas las casadas coinciden en afirmar que "su marido les da seguridad". Y que ellas también quieren aportar la misma seguridad al esposo.

aportar / *to provide*

La mujer y la política

Estamos viviendo una eclosión por todo lo político y la mujer no podía quedar al margen de este fenómeno social. ¿Qué piensa la joven mujer de nuestra década de la política?

eclosión / *blossoming, opening*

LOLA: "Yo hablo con mi marido de política e incluso discutimos porque no siempre estamos de acuerdo. En la vida, todo, o casi todo, es política. Si te interesa tu país, has de estar al tanto de lo que ocurre en política".

estar al tanto / *to be informed*

PALOMA: "A mí, la política me defrauda bastante, y mucho más los políticos. Antes, la política era cosa de hombres; ahora también es de las mujeres que entienden más. Ya no dicen amén a todo. Por eso se sienten defraudadas".

cosa de / *a matter for*

NURIA: "El ama de casa y sus problemas están marginados por los políticos. Es necesario que el mundo cambie y la mujer puede aportar muchas cosas positivas en el campo de la salud, la enseñanza, la calidad de vida . . . que también son parte integrante de la política".

estar marginado / *to be left out*

EJERCICIOS

I.   SONDAJE

JOVENES DE HOY

1.   ¿Cómo eres?

_____

_____

_____

_____

2.   ¿A qué aspiras?

_____

_____

_____

_____

3.   ¿En qué plano te ves en relación con el hombre (la mujer)?

_____

_____

_____

_____

4.   ¿Te interesa la política? ¿Por qué?

_____

_____

_____

_____

5.   ¿Qué representa la familia para ti?

_____

_____

_____

_____

6. ¿Cuál es tu opinión del matrimonio?

_____

_____

_____

_____

7. ¿Entra en ti la idea de tener hijos?

_____

_____

_____

_____

II. ACTIVIDAD: JUICIO BUFO

Constrúyese un pleito civil ante un tribunal acusando a un compañero de clase de "chauvinismo". El vocabulario que sigue puede ser útil en el desarrollo de la escena.

VOCABULARIO ESPECIAL

Tribunal de Justicia

juicio civil pleito litigio disputa causa proceso	llevar a juicio poner el pleito a uno pleitear litigar dar el pleito por concluso ganar el pleito perder el pleito	litigante parte contraria pleiteante oponente
juez judicial	juzgar pronunciar condena sentenciar condenar perdonar absolver	jurado jurista	juramento "juro por Dios y por mi honor" jurar
abogado abogado defensor abogado del estado		reo culpable ofensa

Ballesta

Á LA MUJER QUE TRABAJA

III. HUMOR

1. *¿Tiene sentido del humor este chiste? ¿Por qué?*
2. *¿Qué haría Ud. ante una situación como ésta?*

¡OJO!

Busque en el diccionario los varios significados de las siguientes palabras y luego emplee cada una en sus distintos valores semánticos en oraciones originales.

1. asilo	4. ejercicio	7. particular
2. atender	5. embarazo	8. procurar
3. denunciar	6. fábrica	9. soportar

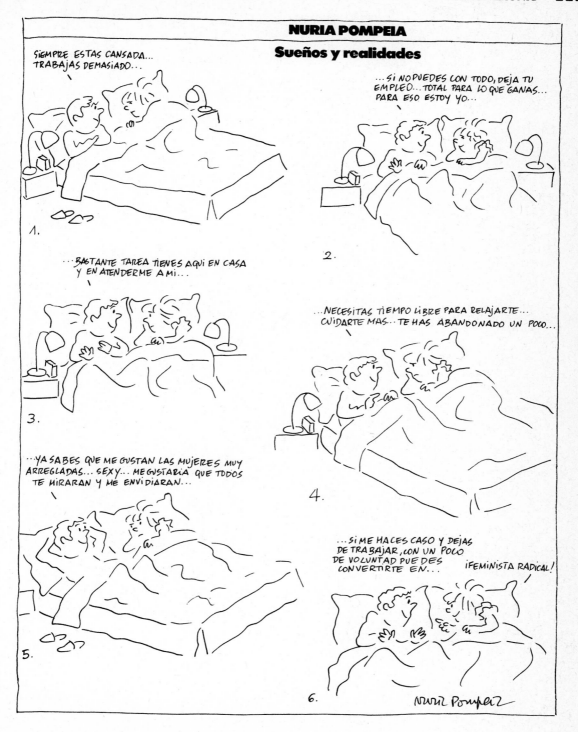

NURIA POMPEIA

Sueños y realidades

5
EL DEBER
DE LAS EDADES

Si quebró el Cantaro.

El hijo es travieso y la madre colérica. ¿Cuál es peor?

AYER

LA ESPAÑA DE MARAÑON

Nuestra generación

> Otras veces he dicho que lo único que orgullosamente defiendo como indiscutible en mi generación es este deseo vehemente que hemos tenido, no de ser imitados, sino de ser renovados y vencidos por los que nos siguen. Nada me ha parecido a mí—y estoy seguro que a todos mis compañeros—, nada me ha parecido más indigno (*unworthy*) del nombre y del espíritu del maestro que sentir celos del empuje (*push*) de los que vienen detrás. La lucha de las generaciones tiene un sentido profundo, vital, porque contribuye a mantener viva la tensión de las almas, sin la cual la cultura se remansaría (*dam up*) como las aguas de un charco (*puddle*).   (O. C. X, p. 143)

ORGULLO DE LA EPOCA

No son éstas lamentaciones del tiempo presente. Muchas veces me he burlado de los que creen invariablemente que viven en la época más nefasta de la Historia; que la bondad y el saber se han extinguido; que las generaciones nuevas son insolentes e incapaces. Yo estoy, por el contrario, contento y orgulloso del tiempo que me ha tocado en suerte: encrucijada de corrientes humanas que se dispersan o que nacen; tal vez de actualidad incómoda, pero de porvenir preñado de conquistas y de glorias.

Siento, si se me permite, la licencia, el patriotismo de mi época tan profundamente como el de mi patria. Creo también que la generación que nos sigue es superior a la nuestra, y me basta para estar cierto de ello el que a veces no nos lo parezca. Desgraciado el mundo cuando los hombres maduros y los viejos encuentren perfectos y admirables, sin reservas y resquemores, a los jóvenes que vienen detrás; o cuando los jóvenes acaten sin discusión y rebeldía a sus predecesores. Lo esencial del progreso es el cambio radical en los puntos de vista, en el criterio frente a las mismas vigencias sociales; siempre que no se rompa la continuidad eterna de los grandes principios del bien y de la sabiduría. Sin duda, los años que precedan a la extinción de la especie no serán, como creen muchos, de desolación y de guerra, sino, por el contrario, de coincidencia gozosa, no ya entre los

burlarse de / *to scoff at*
nefasto / *ominous, tragic*

incapaz / *inept, incompetent*

me ha tocado en suerte / *fate bestowed on me*
encrucijada / *crossroads*
incómoda / *inconvenient*
preñado / *pregnant, full*

bastar / *to be enough*

maduro / *mature, adult*
resquemor / *resentment*

acatar / *to obey, revere*

vigencia / *force*

sabiduría / *knowledge*

gozosa / *happy*

pueblos separados en realidad por barreras artificiales, sino entre las distintas generaciones, que son la expresión de la divergencia fundamental, biológica, entre los seres humanos.

Marañón: "Sobre las academias" (1932), O. C. II, p. 283.

EJERCICIOS

I. ESTUDIO LEXICO

A. *Busque en el texto el sinónimo de cada palabra en la lista de abajo.*

mofarse	_____	abarcar	_____
desgraciado	_____	resentimiento	_____
inepto	_____	respeto	_____
libertinaje	_____	alegre	_____

B. *Llene los espacios vacíos con palabras o frases que concuerden.*

1. El viaje de fin de curso ha sido un evento _____.
2. ¡No te vas a _____ de mí!
3. La guerra de las Malvinas ha sido un acontecimiento _____.
4. _____ la orden del presidente pero no la cumplo.
5. Juan tiene talento para las lenguas pero es _____ para las matemáticas.
6. Lo que dices me _____ para comprenderlo.
7. Me siento _____ en esta situación.
8. Siente _____ por creerse objeto de un mal trato.

II. TEMAS DE CONVERSACION

1. ¿Qué piensa Ud. de la época en la cual le ha tocado vivir?
2. ¿Cree Ud. que hay muchos que quieran una reforma de la sociedad moderna? Discuta.
3. ¿Es la suya una sociedad que se dedica fundamentalmente a producir bienes materiales teniendo en segunda línea (término) los bienes de cultura? Explique.

4. Hay quien dice que hoy tenemos más enfermedades mentales y angustia (agobio, malestar) pura. El hombre queda reducido a sí mismo. Interprete.

5. ¿Por qué la juventud rechaza "the American way of life" y se hunde (se pierde) en un mundo de ritos?

6. ¿Cree Ud. que la irresponsabilidad de los jóvenes representa un desbaratamiento (descomponimiento) de la sociedad o una pérdida de fe por parte de la juventud?

SOBRE LAS GENERACIONES

El joven de hoy es distinto de nosotros, sus padres o sus abuelos; mucho más que nosotros lo fuimos de nuestros predecesores. Y sólo por eso, entiéndase bien, sólo por eso, el joven de hoy es mejor. Porque el deber estricto del joven es crear una vida nueva, o que parezca nueva, aunque no lo sea del todo. A veces esto nos llega al alma; pero con lo que llega al alma no se pueden hacer juicios ecuánimes.

    El joven empieza dos generaciones más allá en la de los nietos. Estos, sí, no se parecen a nosotros; y no siempre como ellos creen, y nosotros también, porque viven más cerca del futuro; sino a veces, por lo que ellos y nosotros no solemos sospechar, porque su pasado, su tradición, empieza mucho más lejos que la tradición nuestra.

    En esto estriba su superioridad. Yo no creo, como se ha dicho, que sólo lo tradicional es auténtico. Sí creo que la vida sin tradición está siempre al borde de la frivolidad. Mas hablar sólo de tradición es una ambigüedad peligrosa. La verdad es que hay una tradición creadora y una tradición limitadora, una que empuja y otra que para. La diferencia entre las dos depende de su lejanía en la perspectiva de la historia. La tradición es un obstáculo mientras esté impregnada de circunstancias; y la circunstancia fundamental es la política.

    La tradición empieza a ser eficaz en cuanto se aleja de nuestro tiempo, de nuestra circunstancia; cuando deja, pues, de ser tradición política y se convierte en tradición histórica.

    El joven verdadero, el de la generación siguiente, está ya muy lejos de nosotros. Esta juventud avanza

abuelos / *grandparents*

parecer / *to seem*

ecuánime / *impartial*

nietos / *grandchildren*

soler / *to be accustomed to*
sospechar / *to suspect*

estribar / *to consist of*

al borde / *to the limit*

empujar / *to push*

lejanía / *distance*

alejarse / *to become distant*

por la vida, con un aire indeciso y un tanto melancólico. Suelen sentenciar los labios provectos que es una juventud frívola y que está desorientada. No tienen razón. Lo que pasa es que nuestro módulo tradicional ha muerto para esos jóvenes. Parece que no saben lo que quieren porque no les importa que la plaza del pueblo se llame plaza del Rey o plaza de la Constitución; porque no se estremecen con nuestros poetas ni con nuestros paisajes, los que con nuestra retórica hemos creado sobre las piedras y los cielos de siempre. Pero si ellos mismos no saben lo que quieren, su instinto sí lo sabe bien. Sabe que no le sirve nuestro punto de partida y que hay que buscar otro que está, necesariamente, mucho más atrás. En suma, presiento no que el mundo está en crisis, pues lo ha estado siempre, sino que ella misma, la juventud, es *ahora crisis;* lo cual sólo ocurre en algunos momentos culminantes de la humanidad.

provecto / *mature, old*

módulo / *norm, standard*

estremecer / *to shake, to move*

no sirve / *it's of no use*

presentir / *to have a presentiment*

Marañón: "Sobre la juventud" (1954), O. C. IV, pp. 902–03.

EJERCICIO

I. ESTUDIO LEXICO

A. *Escoja en el grupo B la palabra que es el sinónimo de cada palabra en el grupo A.*

A.			B.	
1.	____	provecto	a.	justo
2.	____	ecuánime	b.	maduro
3.	____	estremecerse	c.	apartarse
4.	____	estribar	d.	trepidar
5.	____	alejarse	e.	manifestarse
6.	____	parecer	f.	sospechar
7.	____	presentir	g.	consistir

B. *Transforme los verbos siguientes en sustantivos.*

1. presentir _____

2. estremecer _____

3. alejar _____

4. parecer _____

C. *Llene los espacios vacíos con frases o palabras que aparecen en el texto.*

1. Con eso de las armas atómicas estamos _____ _____ de la locura.

2. El viejo presidente quiere descansar, cada día _____ _____ más de la política.

3. El juez es un hombre recto, su juicio siempre es _____.

4. Lo que _____ es que apruebe los exámenes.

5. Se _____ uno al pensar en la posibilidad de una guerra atómica.

6. Ese nuevo aparato no _____ para nada.

7. La fama de la universidad _____ en el éxito de su equipo de fútbol.

8. _____ _____, te he dicho que no me interesa.

9. A mí _____ esto no es justo.

II. TEMAS DE CONVERSACION

1. ¿Cuál es el punto de vista de Marañón sobre las generaciones?

2. ¿Qué entiende Ud. por *establishment*? ¿Por qué la juventud americana lo rechaza (rebota) más cada día?

3. Opine Ud. sobre la relación entre la rebeldía de los jóvenes y la dimensión (renuncia) de deber de los padres.

4. ¿Qué postura toman los jóvenes frente a los valores tradicionales?

5. ¿Cree Ud. que los jóvenes se enfrentan (encaran) a los padres como acción de rito de iniciación al mundo de los adultos? Discuta.

6. ¿Cómo presiente Ud. el futuro de las generaciones de la sociedad occidental?

EL AMOR A LA PATRIA

No hay más que un modo de amar a la Patria, que es el sentirse orgulloso de pertenecer a ella, el desearla todo bien y el estar dispuesto, por ese bien, al sacrificio de todo lo demás. Mas al fin patriótico se llega por dos caminos: el eufórico y el crítico, llamados indebidamente optimista y pesimista.

 El patriota eufórico encuentra cuanto ha sucedido y sucede en su país lo más perfecto, y sobre ello no admite discusión. Pasa por optimista, pero no siempre lo es, fuera de la apariencia, porque muchas veces es sabido que el gesto expansivo disimula un efectivo encogimiento interior. El patriota crítico

orgulloso / *proud*
dispuesto / *ready*

indebidamente / *improperly*

disimular / *to hide*
encogimiento / *timidity*

afánase, por el contrario, en buscar los defectos de su país, pero no siempre con pesimista abandono, sino, muchas veces, para tratar de corregirlos. Su eficacia no puede discutirse; en la vida de los pueblos, como en la de los individuos, la perfección no nace de la satisfacción sistemática, sino, al revés, del examen permanente de conciencia y de la dolorosa, pero fecunda, contrición. Los dos patriotismos tienen, empero, su justificación y sus oportunidades, y es necio empeño quererse adherir a uno de como al únicamente bueno, denigrando al de enfrente El ideal de un país es que existan las dos modalidades de servirle: la entusiasta y la crítica.

afanarse / *to strive, toil*

fecunda / *productive*
empero / *however*

empeño / *insistence*
denigrar / *to defame*

Marañón: *Cajal. Su tiempo y el nuestro* (1950), O. C. X, p. 29.

EJERCICIOS

I. ESTUDIO LEXICO

    A. *Haga la paráfrasis de las palabras y frases que siguen.*

    1. estar dispuesto _____

    2. admitir _____

    3. gesto _____

    4. denigrar _____

    5. eficacia _____

    6. disimular _____

    7. encogimiento _____

    8. fecunda _____

    9. desear bien _____

    B. *¿Qué palabras en el texto concuerdan con las de la lista de abajo?*

    1. desacreditar _____ **5.** timidez _____

    2. ocultar _____ **6.** esfuerzo _____

    3. pero _____ **7.** efusivo _____

    4. productivo _____ **8.** expresión _____

II. TEMAS DE CONVERSACION

1. ¿Por qué dice el autor que el ideal (mayor bien) de un país es que existen dos modalidades de servirle?

2. Haga Ud. una descripción de un modelo típico de "patriota eufórico" norteamericano.

3. Haga usted una descripción de un modelo típico de un "patriota crítico" norteamericano.

4. ¿Cuáles son las posturas extremas en que puedan degenerar (empeorar) ambos tipos de patriotismos?

5. ¿Cree Ud. que alguna de estas dos clases de patriotismo supone (implica) una amenaza para la evolución del pueblo norteamericano? ¿Por qué?

6. Refiera Ud. los aspectos positivos y negativos de la mayoría silenciosa.

7. ¿Cuál de los tipos de patriotismo piensa Ud. que casa (encaja) más intimamente con el ideal democrático?

JUVENTUD Y REBELDIA

Y ahora nos toca comentar la juventud y su deber fundamental: que es la rebeldía. Cuando un ser humano marcha por la vida sin obstáculos, ya decía Santo Tomás[1] que es necesario llamarle virtuoso, por bueno que sea. Mientras no surge la piedra que cierra nuestro camino, ese espíritu satánico que todos llevamos dormido en el alma prefiere no despertar, porque, como gran capitán que es, sólo gusta de entablar sus batallas en las condiciones más favorables. Sólo entonces, en el trance difícil, es una virtud el ser rectamente hombre, por encima de todas las sugestiones que nos invitan a claudicar. Y el modo más humano de la virtud juvenil es la generosa inadaptación a todo lo imperfecto de la vida—que es casi la vida entera—esto es, la rebeldía.

Al buen burgués suele erizársele el cabello—el escaso cabello, ya que una de las características de la morfología burguesa es la calva—cuando oye hablar de rebeldía. Rebeldía suena en sus oídos como algo personificado en un ser frenético, con la cara torva y las armas en la mano, que se agita contra la paz social.

deber / *duty*

surgir / *to spring up, appear*

entablar / *to start, to set up*

trance / *situation*

claudicar / *to back down*

calva / *baldness*
oídos / *ears*
torva / *stern, fierce*

---

1. Saint Thomas Aquinas.

Es una palabra que suena a tiros, a revuelta, a in- | **suena a** / *has the ring of*
cidendios y finalmente a patíbulo. "Rebelde—dice de
un modo taxativo el Diccionario de la Academia—es | **taxativo** / *limitative*
aquel que se subleva o rebela, faltando a la obediencia | **faltar a** / *to be lacking*
debida." | **debida** / *due, proper*

Pero la misma Academia—tranquilicemos, pues al
lector con el mismo texto oficial—añade: "Rebelde se
llama también al indócil, duro, fuerte y tenaz."

Pues bien: yo agrego ahora que, en efecto, el joven | **agregar** / *to add*
debe ser indócil, fuerte, y tenaz. Debe serlo, y si no lo
es será indigno de su partida de bautismo. | **partida de bautismo** / *baptismal certificate*

suena a / *has the ring of*

taxativo / *limitative*
faltar a / *to be lacking*
debida / *due, proper*

agregar / *to add*

partida de bautismo / *baptismal certificate*

Marañón: *Ensayos liberales* (1947), O. C. X, pp. 56–57.

EJERCICIOS

I. ESTUDIO LEXICO

A. *¿Cuáles son los sustantivos y adjetivos que corresponden a los verbos siguientes?*

1. surgir _____ _____
2. entablar _____ _____
3. claudicar _____ _____
4. faltar _____ _____
5. agregar _____ _____
6. invitar _____ _____
7. agitar _____ _____
8. sublevar _____ _____

B. *Sustituya las palabras siguientes por sus sinónimos y luego empléelas en oraciones originales.*

1. reivindicaciones ( ) _____

_____

2. calva ( ) _____
3. firme ( ) _____
4. entablar ( ) _____

_____

5. someterse ( ) _____

II. TEMAS DE CONVERSACION

1. ¿Tiene razón Marañón en considerar la rebelión juvenil un deber y una virtud? ¿Por qué?
2. Analice Ud. los dos sentidos que el diccionario de la Real Academia da del sustantivo rebeldía.
3. ¿Cómo interpreta Ud. el actual movimiento de protesta de la juventud en el mundo?
4. ¿Cuáles de las reivindicaciones de los jóvenes le parecen sensatas y justas?

5. ¿En qué modo hoy en día manifiestan los jóvenes su rebeldía?

6. ¿Qué programas se le puede ofrecer a la juventud para que se integre de nuevo a la sociedad?

7. Específicamente ¿contra qué valores ético-sociales se rebelan los jóvenes?

III. DISCUSION

Discuta oralmente o por escrito el tema siguiente:
"El pelo largo y la barba: disfraz o rebeldía"

HOY

EL PECADO DE SER JOVEN

La población española comprendida entre los quince y veinticuatro años alcanza a 6,2 millones de jóvenes. Para 1990 se rozarán los seis millones y medio.

rozar / *to border on*
reto / *challenge*

El actual "reto juvenil" al mercado de trabajo se va a mantener en los próximos años e incluso se acentuará. Hasta bien entrada la década. Debido a las tasas de natalidad que se registraron en España en la segunda mitad de los años 50 y hasta 1964, nivel máximo de nacimientos, hoy el peso de la población juvenil es muy importante. Actualmente esta masa de población juvenil está fuertemente concentrada en las zonas urbanas. La desertización juvenil del campo español es hoy uno de los mayores problemas con los que se enfrenta la agricultura. Sólo en Madrid, que alberga a 791.884 jóvenes, y Barcelona, con 729.501, están concentrados la cuarta parte de todos los jóvenes españoles.

tasa / *rate*

desertización / *exodus*

albergar / *to house*

El barrio de San Andrés, en Barcelona, es el que tiene más jóvenes, con unos 90.000, seguido de Carabanchel, de Madrid, con 70.000. Para el 60 por 100 de estos jóvenes, el más grave problema con el que se enfrentan es el paro y la imposibilidad casi absoluta de conseguir un empleo.

paro / *unemployment*

Las dificultades para abrirse camino en la vida se ceban especialmente entre los que carecen de estudios primarios, aunque también es impresionante la tasa de paro entre los jóvenes con estudios superiores y medios-superiores, ya que están en paro la tercera parte de los que han terminado estos estudios.

abrirse camino / *to find a way*
cebarse / *to feed on*

En su desesperación, muchos miles de jóvenes españoles se han inclinado hacia la supuesta seguridad de unas oposiciones que les abra camino. Pero aquí la muralla que se opone a la integración de los jóvenes en el mundo del trabajo es casi infranqueable.

supuesta / *hypothetical*
oposiciónes / *competitive exams*
muralla / *wall*
infranqueable / *impassable*

En la mayor parte de las oposiciones que se convocan actualmente en España la media de aspirantes es de 200 por cada puesto ofrecido. Cerca de un millón y medio de españoles se presentan a todas las oposiciones que se convocan para trabajos administrativos.

media / *mean, average* • aspirante / *hopeful*

Este nivel de paro y de incertidumbre es actualmente, según una encuesta realizada entre 2.000 jóvenes, la causa fundamental de la frustración, desencanto y pesimismo que sufre gran parte de la juventud.

incertidumbre / *uncertainty*

ENCUESTA

EL JOVEN DE HOY

Según todos los expertos en selección de personal consultados por *Cambio 16*, éste es el retrato robot del joven ideal de esta década que quiera labrarse un buen porvenir.

labrarse / *to carve out*

- **1** A la hora de la búsqueda de trabajo, tendrán más éxito los que posean una formación profesional en vez de universitaria. Si se cursan estudios superiores, son preferibles carreras de aplicación práctica.

- **2** Deberá tener un extraordinario afán de lucha, trabajo, productividad y superación. El espíritu de funcionario es absolutamente negativo.

afán / *zeal*

funcionario / *civil servant*

- **3** Deberá saber idiomas, fundamentalmente inglés.

- **4** Como universidad y empresa es hoy un matrimonio mal avenido, el joven deberá compaginar sus estudios con la práctica. Deberá estar informado y formado.

mal avenido / *in disagreement*
compaginar / *to blend, fit*

- **5** Cultura general amplia y buena, para poder y saber estar en cualquier lugar.

- **6** Responsabilidad política.

- **7** Nada de pasotismo.

pasotismo / *dropping out, hippy lifestyle*

- **8** Tendrá que viajar con cierta frecuencia fuera de su país y estar dispuesto a trabajar en otra ciudad que no sea de su residencia habitual.

estar dispuesto / *to be prepared to*

- **9** Limpio de aspecto. Barba y pelo arreglados y más uso de la corbata.

- **10** Dispuesto a trabajar en equipo, para lo cual ha de ser comunicativo, extrovertido, pero no dicharachero.

dicharachero / *vulgar, obnoxious*

Joven en la Plaza Mayor, Madrid.

- **11** No basta con hacer algo, sino saber por qué se hace.
- **12** Agudo de ingenio, creativo, imaginativo, eminentemente práctico y realista. Hay que trabajar sobre lo que hay y no sobre lo que a uno le gustaría hacer.

agudo de ingenio / *clever, creative*

EJERCICIOS

I. ACTIVIDAD

Imagínese que Ud. va a buscar trabajo a una agencia de colocaciones. Prepare un resumen de sus cualidades en el terreno personal y académico.

II. HUMOR

Explique los muchos significados del humor de Ballesta.

PATRIOTAS

Ser patriota hoy es trabajar como un forzado para que no se repitan, aquí, ni de milagro, las condiciones de las contiendas civiles españolas. Ser patriota hoy es ser un policía cada vez mejor en la lucha contra el terror y contra el crimen. Ser patriota hoy es trabajar, como lo hacen infinidades de políticos, por construir un consenso y un régimen nacional donde quepamos todos. Ser patriota hoy es ser un líder sindical que sacrifica sueños imposibles para lograr capear la crisis

forzado / *galley slave*

contienda / *fight*

quepamos subj. (inf. = **caber**) / *to fit*

capear / *weather*

económica. Ser empresario y trabajar como un iluminado para salvar la empresa, vender más e invertir, eso es ser patriota.

empresario / *businessman*
iluminado / *possessed, crazed*

Ser patriota es el militar disciplinado y genial que se prepara a mejorar cada día los instrumentos de defensa de la patria. Ser patriota es ser un periodista ilusionado con su trabajo de perro guardián de las libertades ciudadanas. Eso, y escribir, y asociarse con otros, y hacer buen cine, y exportar, y soñar seriamente con la paz del mundo, eso es ser patriota. Hacer una España más libre, más culta, más próspera, eso es ser patriota. Y además venerar y amar a la bandera y a la idea de la patria, no usurparla para lograr inconfesables objetivos personales.

ilusionado / *enthusiastic*

cine / *cinema* • **soñar con** / *to dream of*

inconfesable / *dishonorable*

EJERCICIOS

A. *Exprese su juicio.*

1. ¿Qué piensa Ud. del editorial?
2. ¿Cree Ud. que el cometido de "perro guardián de las libertades ciudadanas" debe necesariamente recaer sobre las espaldas de los periodistas? Explique.
3. ¿Piensa que los periodistas podrían cumplir con esta misión? Discuta.
4. ¿Ud. ve a los empresarios americanos como iluminados? Explique.
5. ¿Cómo venera Ud. su bandera?
6. ¿Piensa Ud. que llevar una banderita en la solapa es un modo de manifestar amor a la misma? Discuta.

B. *Cambie los adjetivos que modifican los sustantivos siguientes por otros que los describan en varios aspectos.*

1. sueños (imposibles) _____ _____
2. militar (disciplinado) _____ _____
3. periodista (ilusionado) _____ _____
4. empresario (iluminado) _____ _____
5. libertades (ciudadanas) _____ _____

PARA ENTENDERSE MEJOR

El lenguaje pasota[1] no brilla por su riqueza original. La mayoría de los términos usados por los pasotas están tomados del *argot* (sevillano y madrileño preponderantemente), del lenguaje de los delincuentes, del caló[2]. Pero hay una cierta cantidad de vocablos que han sido creados por el pasotismo. Lo más frecuente es que un mismo término sirva para indicar multitud de objetos, situaciones, acciones. Este es un vocabulario básico de iniciación para no entendidos en el *rollo* pasota.

Drogas

María, chocolate, caramelo, mierda, vida, grifa, ful, barra, hierba: marihuana o hachís.
Piedra, china: trozo de hachís.
Cassette: un kilo de hachís.
Estereo: dos kilos de hachís.
Anfetas: anfetaminas.
Poper: nitrito de amilo (disolvente de pinturas que, esnifado, produce alucinaciones).
Blanca o *nieve*: heroína o cocaína.
Caballo: heroína.
Tripi, volcán: LSD, ácido lisérgico. Se llama *tripi* (de *trip*, en inglés) también el "viaje" que produce el LSD.
Esnifar: aspirar droga (cocaína) por la nariz.
Fliparse: quedar bajo los efectos del hachís.
Espit: alucinaciones producidas por la droga.
Yonki: drogadicto que se pica.
Picarse: inyectarse drogas duras por vía endovenosa.
Chute: inyectarse drogas con *chuta* o jeringa hipodérmica.
Camello, pusher: vendedor de drogas.

Varios

Rollo: ambiente, conversación, asunto, algo aburrido o soso.
Enrollado: estar a la moda pasota, estar metido en algún rollo, estar entusiasmado con algo. Los que no se enrollan o no están enrollados se llaman *gansos, carcas, fachas*.
Pasar: despreocuparse de algo, ignorarlo, desinteresarse.
Muermo: aburrimiento, desorientación y depresión psíquica. Dícese también de alguien pesado, molesto, tedioso. Lo contrario es la *marcha*.
Montarse: organizar, realizar algo concreto.
Chungo: malo.
Claro, macizo: bueno, maravilloso, importante.
Achantar: cerrar.
Choro: tonto.
Palique: hábil, que tiene fácil conversación.
Viejo, vieja: hombre, mujer, padre, madre.
Demasié, too much: demasiado, mucho.
Social, pasma, pestañí: policía.

1. *Pasota*: dropouts, hippies.
2. *Caló*: dialecto de los gitanos adoptado en parte por la gente del pueblo bajo.

EL "ROLLO" PASOTA

Se los puede ver en casi todas las grandes ciudades españolas, sentados en las plazas y paseos, deambulando por las calles, amontonados en bares estrechísimos y cargados de humo. Tienen un aspecto

deambulando / *strolling*

que parece la viva contradicción de la de esos jóvenes "a la moda", siempre sonrientes, cómo no, retratados en los carteles de propaganda de los grandes almacenes: sucios (o con pinta de tales), desgreñados, usando ropas de talla mayor a sus físicos que parecen adquiridas a un trapero o hurtadas al hermano mayor.

Cuando hablan—sí es que hablan—emplean una jerga incomprensible para el apacible señor del 600 o el 127[1], e irritante para el anciano que conoció las imágenes tronantes de *flechas y pelayos*[2].

Desde fuera, desde ese mundo *burgués* del cual proviene la mayoría, les llaman "los pasotas":

a la moda / *in style*

con pinta de tales / *appearing to be*
desgreñado / *disheveled*
trapero / *rag dealer* • **hurtada** / *stolen*

apacible / *gentle*

---

1. 600 y 127 son coches SEATS.

2. Agrupaciones políticas de juventud con ideario basado en el de la Falange Española.

proverbialmente presumen de que *pasan de todo*, de que nada les conmueve, ni les preocupa. Desde dentro, sólo muy pocos, los *parvenus*, los que acentúan la pose, aceptan el término para identificarse a sí mismos.

Creen establecer un abismo entre el "nosotros" y el "ellos": la sociedad de los integrados a formas de vida "burguesa" (que no excluye a los obreros, naturalmente) con aspiraciones simples como la casa propia, el coche, la familia, la televisión, los niños, el trabajo seguro.

Nadie sabe bien quiénes son: ni ellos mismos. Tienden a definirse, más bien, por sus atuendos y por su actitud de rechazo a lo que la mayoría de los habitantes de este país considera como "normal". Generalmente, en la prensa *burguesa*, son objeto de "ensayos" moralizantes sobre esta "juventud perdida" que suelen partir más de los prejuicios de los autores que de su conocimiento del paño.

¿Pasotas? Aquí no hay pasotas. Los pasotas no existen. Es una palabra inventada por los burgueses, para llamar así a los que no se dejan comer el coco por el Sistema.

Aquí puede haber *camellos* (vendedores de droga), macarras, fachas, progres, o yo qué sé, pero no pasotas.

Despatarrado en la silla de un bar del madrileño barrio de Malasaña, Pepe ("apellido no tengo, soy Pepe y vale") no disimula su mal humor frente a la definición de pasota.

Pero los pasotas existen y aumentan día a día, aunque, voluntariamente, la mayoría quiera escapar de las definiciones hechas desde afuera. La gama es variadísima y compleja, pero todos tienen algo en común y es que *pasan*, no de todo, sino de la integración a la sociedad "normal" o "burguesa", como suelen decir ellos, y se encargan de demostrarlo a cada momento, transgrediendo sus reglas e imponiéndose otras.

En torno a ellos pulalan jóvenes *progres*, confundidos a menudo con los pasotas porque fuman porros, se visten sin aliño y critican al Sistema. Pero, a diferencia de los pasotas "auténticos", no pasan de todo: Creen que todavía queda un espacio donde se

---

parvenus / *those who have arrived*

atuendo / *dress*
rechazo / *rejection*

conocer el paño de / *to know the real character of*

comer el coco / *to play for a sucker*

macarra / *low class "pasota," often violent* • **progres** / *activists; anarchist types*
despatarrado / *spread out*

vale / *that's all*

disimular / *to hide; to disguise*

gama / *gamut*

pulular / *to teem*

aliño / *care*

puede desarrollar la vida, se conectan mejor con la realidad, estudian, trabajan y se entusiasman, son capaces de establecer relaciones afectivas y creativas con los demás; no han perdido ni quieren perder la fe en la vida, con Sistema y todo. Llamarles pasotas es desconocer la realidad o adoptar un punto de vista demasiado *carca* y distante.

afectivo / *emotional, meaningful*

carca / *old fashioned, square*

La mayoría de los *históricos* del pasotismo proviene de la euforia ácrata y de extrema izquierda que eclosionó poco después de la muerte de Franco.[1] "Entonces creímos que podíamos cambiar todo", cuenta Javier Zulaya, veintiocho años, ex estudiante de Derecho.

ácrata / *anarchist, libertarian*
eclosionar / *to sprout*

"Ser ácrata, que no anarquista (porque pasamos muy rápidamente de los sindicalistas)—dice Javier—, era una manera de estar juntos, de reunirnos con gente maja, de divertirnos y de ilusionarnos con que, después de Franco, íbamos a poder organizar la de Dios. Tal vez fuésemos demasiado crédulos, o demasiado mamones."

sindicalista / *union member*

maja / *nice, hip*
la de Dios / *riot, disturbance*

mamón / *sucker*

El coco del Sistema

El rollo político, con su impotencia para provocar algo así como un mayo del 68 francés[1], capaz de hacer el mundo a la propia imagen y semejanza, hartó a la mayoría. Pero, sobre todo, la convicción de que detrás de sus entusiasmos había un misterioso y burlón Moloch (divinidad cananea devoradora de niños) omnipotente que se dedicaba a destrozar sus esfuerzos o a convertirlos en energía para mantener las cosas tal cual están.

coco / *bogeyman*
hartar / *to tire, to disgust*

cananea / *Canaanite*
destrozar / *to shatter*

La idea de un ente abstracto que tiene todo bajo control y maneja los hilos de los 4.000 millones de marionetas que viven en el globo terráqueo es una imagen recurrente en el submundo pasota.

ente / *being*

Algunos llegan a llamarle "la CIA, el KGB, la Coca-Cola, o yo qué sé". Otros se conforman con adjudicarle el nombre borroso de "el Sistema". Pero la mayoría parece estar persuadida de que más allá de la voluntad de cada uno, del empeño y de los esfuerzos concretos, hay poco que hacer: el Moloch misterioso

adjudicarle / *to award it; tag it*
borroso / *burred, fuzzy*

empeño / *determination, obligation*

---

1. Caudillo de España (1892–1975).

1. En mayo, 1968, hubo una rebelión de estudiantes en Francia.

se ocupará oportunamente de encauzar esas energías y las devorará para alimentar el Sistema.

encauzar / *to channel, to guide*

Cercados

cercado / *surrounded, walled in*

La sensación de impotencia del individuo o de los grupos frente al Sistema es total entre buena parte de los pasotas. Porque "no sólo te chupan y te absorben aunque te dediques a poner bombas y a hacer saltar todo por los aires (si es que no te liquidan antes), sino que, mientras tanto, la sociedad burgueso-animalizante te come el coco desde que naciste, te mata a fuerza de televisión, propaganda, consumo, hijos y colegios, todo" explica Pedro *El Chupas,* sentado en la plaza de Dos de Mayo.

A su lado, Lola, insiste: "Estamos cercados, tío, estamos cercados". El Moloch del Sistema, como el Dios castrador de la infancia, controlará todo lo que se haga quizá hasta los "malos pensamientos": nada se le escapará.

Como un moderno Lazarillo de Tormes[1], el "verdadero pasota" es un pícaro que se adecúa como el agua al recipiente que lo contiene para procurare obtener beneficios para sí. "El pasota vallecano[2] —dice Julián— no tiene sentimientos: le da igual una cosa que la otra, roba o se prostituye, miente o tima, es capaz de dormir bajo un puente una noche muerto de frío y, al día siguiente, en el mejor hotel y todo le da más o menos lo mismo."

pícaro / *rogue* • **adecuar** / *to adapt*

dar igual / *to make no difference*
timar / *to snitch, swindle*

Para algunos, ese personaje es el único verdadero pasota. Los otros, niños de clase media o clase alta con mayores "prejuicios" nunca llegan a *pasar* tanto ni tan bien de todo como el pasota de extracción social más baja.

Son ellos los que establecen un puente sin fisuras entre el mundillo pasota de clase media y el hampa, por el que transitan muchos en un sentido y en otro. Pero sobre todo en el que va del casi inocente círculo de estudiantes *progres* del bachillerato hasta el ambiente macarra de los violentos, pasando por el oficio de vendedor de *hachís* u otras drogas duras.

hampa / *vagrancy*

---

1. Protagonista de una novela picaresca: *La Vida de Lazarillo de Tormes* (1554).

2. De Vallecas, municipalidad en la provincia de Madrid.

Otros registran una fuga o varias de sus casas paternas, deambuleos por el país viviendo a salto de mata, trabajos temporeros como ayudantes de albañiles, artesanos, chapuceros, pegadores de carteles durante las campañas políticas, largas subsistencias a costa de la "gorra", experiencias en comunas urbanas o rurales.

fugar / *to run away*
salto de mata / *running for fear of punishment*
chapucero / *junk dealer*

a costa de / *by dint of* • **gorra** / *sponging*

En el extremo opuesto de la escala social, Joaquín parece ser un exponente clásico. Nació en el barrio de Salamanca[1], en una familia de ocho hermanos, hijo de un abogado de nota y estudió en un instituto reservado a la alta burguesía local. "Pero te hartas de ese rollo, quieres algo más, necesitas la aventura, estar con otra gente como tú."

de nota / *famous*

Empezó con los coches, siguió con las anfetaminas, el porro y el LSD, probó cocaína en varias oportunidades, se fugó a los diecisiete de su casa, pero, finalmente, volvió. Y ahora se viste de pasota, viaja a Malasaña y finge—como otros muchachos de su clase—que no tiene un duro, aunque lleva los bolsillos bien forrados.

fingir / *to pretend*
duro / *five pesetas*
forrado / *to be loaded with money*

Puritanismo pasota

Bisexualidad, odio al Sistema, porro y otras drogas, rechazo al trabajo, pobreza, desaliño, forman parte de los distintivos. Y en determinados círculos pasotas también el tener ideas algo complejas, el hablar excesivamente, el mostrarse demasiado afectivo, el ser capaz de enamorarse de un ser del sexo opuesto o propio, integran las actitudes francamente rechazables, con un puritanismo y sectarismo digno de la sociedad que desprecian.

distintivo / *badge, insignia*

Con frecuencia, quien habla *demasié* o lee, o se expresa con lenguaje "culto", recibe un "déjate de comerme el coco, tío", de sus interlocutores. La forma de vencer al Moloch del Sistema suele ser tratar de "no comerse el coco", es decir de no pensar, de no tener ideas, de "pasar de todo ese rollo".

demasié / *demasiado*

interlocutores / *those who take part in a conversation*

El resultado suele ser el "muermo", otra de las figuras omnipresentes entre los pasotas. Sin nada que decirse ni hacer, en Madrid, en Sevilla, en Barcelona o cualquier parte, los pasotas suelen aburrirse soberanamente.

soberanamente / *royally*

---

1. Barrio muy rico de Madrid.

Adolescentes profundamente incultos—y con un militante rechazo a la cultura—, los pasotas suelen tener una imagen mínima empobrecida del mundo exterior. La casi inexistente experiencia propia tampoco les ayuda.

El futuro ignoto

¿Qué esperan?, ¿en qué creen?, ¿qué va a ser de ellos mañana? A pocos les preocupa la cuestión. Transidos con frecuencia de una filosofía vitalista que los hace vivir al día, la mayoría parece no acertar a llevarla a cabo. Rosa, como la mayoría de sus amigos, sostiene que "lo único válido es el momento", cada momento, que no se prepara ni se proyecta de antemano.

"La vivencia" es lo que cuenta, "pasarlo bien", sin entrar en el Sistema, "asesino de toda la espontaneidad", como cree Javier. Algunos atinan a verse a sí mismos convertidos en cenizas radioactivas dentro de algunos años, seguros de que el apocalipsis atómico se producirá inexorablemente. Otros aseguran que estarán muertos, porque no quieren vivir con treinta años, siendo "viejos". Pero la mayoría "no sabe/no contesta", no les interesa. *Pasan* del futuro.

ignoto / *unknown*

transido / *paralyzed*

llevar a cabo / *to carry out*

antemano / *beforehand*
vivencia / *experience*

atinar / *to find, guess*

EJERCICIOS

I. ESTUDIO LEXICO

A. *¿Cuál es el antónimo de las palabras siguientes?*

1. deambular _____

2. maja _____

3. hurtar _____

4. atuendo _____

5. timar _____

6. fugar _____

7. desgreñado _____

8. forrado _____

9. pulular _____

10. destrozar _____

11. pícaro _____

B. *Emplee las palabras o expresiones que siguen en oraciones originales.*

1. a la moda _____
2. con pinta de _____
3. conocer el paño de _____
4. vale _____
5. la de Dios _____
6. estar harto _____
7. dar igual _____
8. vivir a salto de mata _____
9. a costa de _____
10. llevar a cabo _____

II. ACCION

A. *Haga una encuesta en la clase para determinar la influencia negativa o positiva de la droga sobre los jóvenes de hoy.*

B. *Establezca un debate en la clase sosteniendo opiniones distintas sobre los temas siguientes:*

1. Los jóvenes de hoy
2. Los deberes de los jóvenes

¡OJO!

Busque en el diccionario los varios significados de las siguientes palabras y luego emplee cada una en sus distintos valores semánticos en oraciones originales.

1. comprendido _____
2. culto _____
3. cursar _____
4. peso _____
5. próximo _____
6. sindicato _____
7. tasa _____
8. vale _____

6
LA VANAGLORIA

Hasta la muerte.

Hace muy bien de ponerse guapa. Son sus días; cumple 75 años, y vendrán
las amiguitas a verla.

AYER

LA ESPAÑA DE MARAÑON

Evolución de la sexualidad

De tiempo en tiempo la moda altera algunas de las características, morfológicas o psíquicas, de la feminidad. Precisamente una de las razones de la moda—que obedece, en realidad, a motivos profundos, y no como se cree a fluctuaciones frívolas—es *la renovación de los temas de la atracción sexual*, cuya eficacia, si no, se agotaría (*give out*) al cabo del tiempo.   (O. C. X, p. 550)

LA DELGADEZ

Nuestro voto está, decididamente, de parte de la moda actual, que propugna la delgadez. Mucho se ha comentado y caricaturizado el afán, no raramente el frenesí, que las generaciones actuales tienen por estar flacas. Yo creo que, esta vez al menos, una preocupación colectiva, quizá originada en un concepto estético discutible, está de perfecto acuerdo con las conveniencias de la salud, y los médicos debemos hacer cuanto esté en nuestra mano para proclamarlo y difundirlo así.

La primera razón en pro de la delgadez es, pues, la *razón médica*. El gordo tiene un aspecto de salud floreciente que no tiene el delgado. Sus mejillas, sonrosadas y tersas, "respiran salud"; pero el flaco, arrugado y pálido hará mal con envidiarle. Debajo de esa capa que difunde optimismo acechan al obeso mil peligros que respetan al delgado.

propugnar / *to defend*

flaco / *slender*

estar de acuerdo / *to agree*
conveniencia / *accepted norm*
cuanto . . . manos / *as much as we can*
difundir / *to propagate*

floreciente / *flourishing, healthy*
mejilla / *cheek*
sonrosado / *rosy* • **terso** / *smooth*
arrugado / *wrinkled*
capa / *layer*

Marañón: *Gordos y flacos* (1926), O. C. VIII, p. 389.

EJERCICIOS

I. ESTUDIO LEXICO

A. *Escoja en el grupo A la palabra que es el sinónimo de cada palabra en el grupo B.*

A.		B.	
1.	adelantarse	flaco _____	
2.	propugnar	lustroso _____	
3.	discutible	defender _____	
4.	conveniencia	dudoso _____	
5.	difundir	avanzar _____	
6.	terso	norma _____	
7.	delgado	propagar _____	

B. *Defina o explique en español las palabras del grupo B.*

1. _____

2. _____

3. _____

4. _____

5. _____

6. _____

7. _____

C. *Llene los espacios vacíos con palabras o frases (o formas de ellas) que aparecen arriba.*

1. El equipo de fútbol ha _____ en la competición.
2. Los conquistadores _____ la fe católica en el Nuevo Mundo.
3. La nueva ley en realidad es _____.
4. Es un rebelde, no quiere aceptar las _____ sociales.
5. Miss América tiene la piel _____.

II. EXPRESE SU JUICIO

1. ¿Por qué declara Marañón que su voto está de parte de la moda actual?
2. ¿En qué debiera consistir un régimen proporcionado para mantener la línea?
3. Enumere los platos que una persona que está de régimen debería esquivar (evitar).
4. Según los sentidos estéticos de Ud., ¿cuál debería ser el peso ideal de una mujer?
5. ¿Cuál es su posición personal sobre los diversos productos para adelgazar que existen en el mercado?
6. En la sociedad de consumo, ¿qué influencia ejercen los medios de propaganda sobre el mantenimiento de la línea?
7. ¿Cuál es la tendencia de la población americana en cuanto a la delgadez?
8. ¿Cuáles son los resultados físicos y sicológicos si un régimen para adelgazar se lleva hasta los límites?

III. DISCUSION

Discuta Ud. cada uno de los siguientes métodos para adelgazar.

a. balnearios
b. píldoras
c. aparatos mecánicos

d. alimentos dietéticos
e. ejercicios físicos
f. intervención quirúrgica

LA MODA EN EL HOMBRE

La actitud del hombre, por lo que hace al vestido, es diferente de la de la mujer. El hombre, en su indumentaria, no suele atender, fundamentalmente, más que la razón utilitaria, por dos motivos: primero, porque se ve obligado a trabajar, y para trabajar es preciso estar lo más cómodo posible. En el transcurso de cincuenta años la moda masculina, en cuanto al traje, ha sufrido muy pocas variaciones, y todas ellas tendiendo a hacerlas cada vez más uniforme y más cómoda; de aquí la eliminación de la levita y el sombrero de copa y la probable eliminación inmediata de los trajes de frac y esmoquin, que los necios de los ingleses elegantes han impuesto a los papanatas de ambos mundos.

    El hombre sólo se cuida de su *toilette* cuando no tiene que trabajar, como les pasa a los deportistas, a los señoritos y a los donjuanes.

por . . . / por lo que se refiere
indumentaria / *dress*
atender / *to pay attention*

transcurso / *course*

de aquí / *hence* • **levita** / *frock*
sombrero de copa / *top hat*
frac / *tails*
papanatas / *simpletons*

toilette / *attire*

Marañón: *Gordos y flacos* (1927), O. C. X, p. 481.

EJERCICIOS

I. ESTUDIO LEXICO

Basándose en el texto exprese parafrásticamente cada palabra que sigue.

1. atender _____

2. verse _____

3. papanatas _____

4. señorito _____

5. donjuan _____

6. transcurso _____

II. EXPANSION

Complete las oraciones siguientes:

1. No atendía a la conferencia, sino _____

_____

2. Juan lleva una vida frívola, es _____

_____

3. En cuanto a María _____

_____

4. Es fácil de engañar porque es un _____

_____

5. El reloj mida _____

6. Mario trabaja como dependiente en una boutique _____

_____

7. El joven lleva una indumentaria _____

_____

8. El estudiante se ve obligado a _____

_____

III. TEMAS DE CONVERSACION

1. ¿Está Ud. de acuerdo con el Dr. Marañón en cuanto a las diferencias de actitudes del hombre y de la mujer en el vestir? Discuta el tema.

2. Enumere algunas de las variaciones por las que ha pasado la moda masculina en los últimos cincuenta años.

3. ¿Puede ser el vestido una expresión de rebeldía? Explique.

4. La juventud de hoy, ¿se viste para estar cómoda o para seguir la moda?

5. ¿Piensa Ud. que la juventud de hoy es esclava de los estilistas o diseñadores? Amplifique el tema.

6. Marañón dice que los deportistas como no tienen que trabajar se descuidan del vestir. ¿Está Ud. de acuerdo? Explique.

7. Opine Ud. sobre el impacto que tienen las marcas deportivas sobre la indumentaria juvenil.

8. ¿Está Ud. de acuerdo con el dictamen (*dictum*) de los estilistas que "la moda es un reflejo de lo que pide el mundo"? Discuta.

IV. DISCUSION

Discuta Ud. con sus compañeros de clase el tema siguiente:
"¿Por qué cambia la moda?"

EL TRAJE

El vestido masculino es, ante todo, práctico, porque la misión del hombre es luchar en el mundo. El vestido de la mujer es, ante todo, llamativo, porque su fin es agradar y, muchas veces, engañar. Es, por ejemplo, típico del arreo femenino el hecho extraordinario de que los botones no sirvan para abrochar nada, sino de mero adorno. El traje de la mujer nos ofrece la sorpresa, profundamente significativa, de que se abre siempre por donde menos se espera.

La mujer elegante, en realidad, se viste para las mujeres. Pero aun en este caso existe la influencia atractiva, si bien indirecta; primero, porque el éxito de la mujer, dentro de su sexo, es uno de los incentivos para el varón: la mujer que todas las mujeres envidian será, al ser conquistada, un símbolo del triunfo de su amante sobre el sexo entero, y no sólo sobre aquella mujer. Y además, la mujer que se siente bien vestida se siente también, automáticamente, más joven, más graciosa, más llena de atracción; y este aire indefinido de conciencia de su feminidad eficaz es lo que recoge, como una fuerza vaga, pero poderosa, el hombre que ronda a su alrededor, aunque no repare en sus trajes y adornos.

vestido / *dress, suit*

llamativo / *showy*
agradar / *to please* • **engañar** / *to trick*
arreo / *adornment*
abrochar / *to button, fasten*

esperar / *to expect*

si bien / *although*

graciosa / *pretty*

recoger / *to pick up*
rondar / *to court*
reparar / *to notice*

Marañón: "Psicología del vestido y del adorno" (1937), O. C. III, pp. 483–84.

EJERCICIOS

I. ESTUDIO LEXICO

A. *Escoja en el grupo A la palabra que es el sinónimo de cada palabra en el grupo B.*

A.		**B.**	
1.	vestido	adorno _____	
2.	llamativo	observar _____	
3.	agradar	gustar _____	
4.	gracioso	vistoso _____	
5.	reparar	traje _____	
6.	arreo	bonito _____	

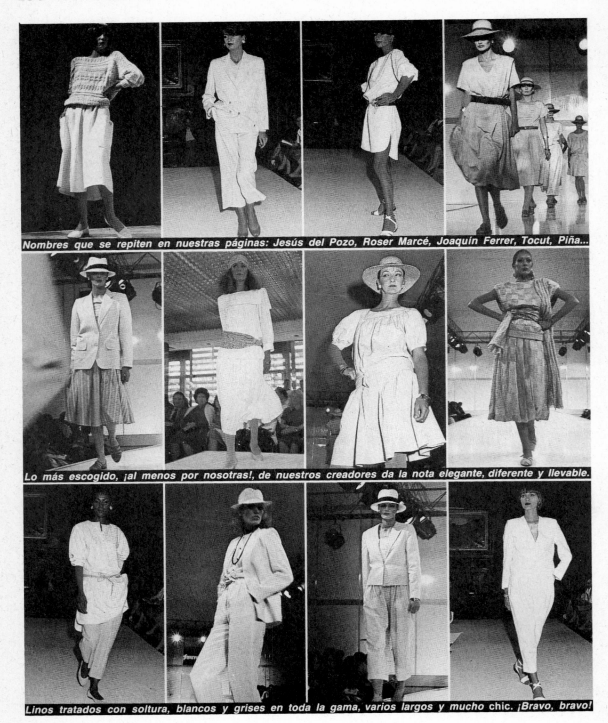

Nombres que se repiten en nuestras páginas: Jesús del Pozo, Roser Marcé, Joaquín Ferrer, Tocut, Piña...

Lo más escogido, ¡al menos por nosotras!, de nuestros creadores da la nota elegante, diferente y llevable.

Linos tratados con soltura, blancos y grises en toda la gama, varios largos y mucho chic. ¡Bravo, bravo!

B. *¿Qué palabras en el texto corresponden a las definiciones que siguen?*

1. Una mujer que por su manera de vestir o por su belleza provocativa llama la atención de los hombres. _____

2. Prenda de tela que se pone sobre el cuerpo para cubrirlo o adornarlo. _____

3. Hacer ver una cosa distinta de como es. _____

4. Inspirar una persona sentimientos en los demás con su comportamiento. _____

5. Cortejar un muchacho a una muchacha. _____

6. Sujetar una cosa con otra, particularmente con botones. _____

II. TEMAS DE CONVERSACION

1. Haga Ud. un resumen de las ideas de Marañon sobre el traje femenino.

2. Esponga Ud. su opinión sobre el sentido erótico y el sentido funcional de la moda femenina actual.

3. ¿A qué se refiere Marañón cuando dice que el fin del traje femenino muchas veces es engañar?

4. ¿Para quién cree Ud. que se viste la mujer?

5. ¿Qué influencias sicológicas puede tener para una mujer el sentirse elegantemente vestida?

6. ¿Por qué hoy en día muchas mujeres tienden a vestirse de hombre?

III. ACTIVIDAD

Haga dos listas, una de tejidos (algodón, seda, lino, etc.) y otra de indumentaria femenina (falda, corpiño, blusa, etc.). Relacione el tejido adecuado a cada prenda.

EL CABELLO FEMENINO

Primitivamente, el cabello del varón era tan largo como el de la mujer, pero se vio pronto obligado a cortárselo por su notoria incompatibilidad con las rudas faenas de su vida ancestral. En los lances de la caza, en las espesas selvas o en la estepas batidas por el viento, la larga melena era un constante inconveniente; y, además, un peligro en la lucha contra los demás hombres, como lo es hoy aún cuando dos mujeres bravías se agarran de las trenzas en pelea singular.

verse / *to find oneself to be*

rudo / *rough*
espeso / *dense*
melena / *long hair*

bravía / *wild* • **agarrar** / *to grab*

Pero su sentido sexual es inmenso. Basta considerar, para comprenderlo, el papel primordial que ha jugado siempre en la moda, sobre todo en la femenina. La mujer de todas épocas ha dedicado una parte a veces importante del día al arreglo de su cabello. En figuras más remotas de mujer, en las de las cavernas, aparecen ya peinados complicadísimos, algunos como torres o pagodas, semejantes a los de las señoras de los siglos XVII y XVIII. Hoy, cuando la moda de los cabellos cortos parecía haber dado un golpe de gracia a la complicación del peinado femenino, renace, dentro de otras normas más sobrias, con ímpetu mayor; y lo prueba el esplendor creciente de la industria de los peluqueros de señora. Una de esas cabezas recortadas, tan finas, que vemos pasar y que parecen fruto de unos segundos de peine ante el espejo, suponen, quizá, largas horas de resignado tratamiento bajo aparatos complicados y trepidantes.

papel / *role* • **primordial** / *important*

arreglo / *fixing, coiffure*

peinado / *hairdo*
semejante / *similar*

golpe de gracia / *finishing blow*

peluquero / *hairdresser*
recortar / *to trim*

trepidante / *shaking*

Marañón: *Vida e historia* (1943), O. C. X, pp. 547–48.

EJERCICIOS

I. ESTUDIO LEXICO

A. *Escoja en el grupo A la palabra que es el sinónimo de cada palabra en el grupo B.*

A.		**B.**	
1.	espeso	agresivo	_____
2.	melena	agarrar	_____
3.	bravío	denso	_____
4.	sobrio	adornar	_____
5.	coger	tocado	_____
6.	arreglar	cabellera	_____
7.	peinado	parecido	_____
8.	semejante	moderado	_____

B. *Defina o explique en español las palabras siguientes:*

1. bastar _____

2. papel _____

3. primordial _____

4. recortar _____

5. rudo _____

6. sobriedad _____

C. *Haga oraciones originales con las palabras siguientes:*

1. papelería _____

2. rudeza _____

3. peluquero _____

4. peinar _____

5. basta _____

6. espesor _____

II. TEMAS DE CONVERSACION

1. Muestre el humor de las palabras de Marañón en relación al pelo femenino.
2. Discuta el sentido funcional y el sentido ornamental del pelo.
3. Hoy en día ¿cómo refleja el pelo tendencias políticas y cambios sociales?
4. ¿Cree Ud. que las obligaciones laborales impiden que el hombre lleve el pelo largo? Discuta.
5. ¿Què factores sociológicos han motivado el hecho de que parte de la juventud occidental haya adoptado la idea que la moda empieza con el peinado?
6. ¿Cree Ud. que la moda del pelo largo ha traído como consecuencia un cierto afeminamiento del hombre? Opine.
7. ¿Piensa Ud. que la moda del pelo puede ser un reflejo de un estilo de vida?

III. SITUACION

Ud. va a la peluquería para que le hagan un peinado o un corte de pelo. Prepare Ud. un diálogo con el peluquero. Ud. expresa lo que le gustaría (un corte, moldeado, peinado, etc.) conforme con su estilo de vida; el peluquero aconseja la operación adecuada según el tipo de pelo, su fisionomía y la moda actual.

EL CALZADO

El calzado tiene un sentido jerárquico y un sentido sexual. Uno de los signos distintivos del rey es el calzado permanente, que evitará el contacto de la egregia planta con las impurezas de la tierra. En la corte de los Austrias españoles, la señal de que una princesa llegaba a la edad de ser reina consistía en hacerla calzar chapines.

    El sentido sexual del zapato y del pie es también conocido. "Beso a usted los pies", dice la cortesía española a las mujeres; y con cierta fruición unida a la cortesía, porque en la mujer, como en el recién

egregio / *distinguished* • **planta** / *sole*

calzar / *to wear* • **chapín** / *clog, shoe*

fruición / *pleasure*

Limpiabotas, Madrid.

nacido, es el pie breve y nítido agradable de besar, entre las zonas que permite la decencia. Sobre todo en las españolas, el lujo del calzado era la suprema expresión de la elegancia y de la categoría. La duquesa de Alba, célebre por su belleza y por su descoco, no se ponía cada par de zapatos más que un solo día. Igual fausto zapateril exhibió en París, un siglo después, su descendiente la emperatriz Eugenia, cuya servidumbre aprovechaba los trescientos sesenta y cinco pares de chapines que su señora gastaba al año; o mejor dicho, las niñas de sus servidoras, porque no había en París pie más breve que el suyo.

    Sabida es la tortura con que en China se acentúa la heredada pequeñez de los pies de la mujer. Lo mismo ocurre a la mujer de los harenes, cuyos chapines—yo los he visto—parecen de niñas de cinco años. Su sentido es claro: la mujer no debe salir del hogar; su pie no servirá para hollar las tierras del mundo, sino sólo para sostén delicado e indispensable del amor y de la maternidad.

    Por eso he dicho en otra parte que el símbolo de la emancipación de la mujer será la pérdida de su pie infantil y su sustitución por el pie grande, norteño, apto para seguir al hombre en su carrera por la vida. El hombre y la mujer serán verdaderamente iguales cuando ambos calcen zapatos del mismo punto.

breve / *small* • **nítido** / *clear, smooth*

categoría / *class, status*

descoco / *gall, impudence*
fausto / *pomp, show*

servidumbre / *servants*

harén / *harem*

hollar / *tread upon*
sostén / *support*

punto / *size*

Marañón: *Vida e historia* (1943), O. C. X, p. 553.

EJERCICIOS

I. ESTUDIO LEXICO

    A. ¿*Qué otras formas de las palabras en la lista que sigue aparecen en el texto?*

jerarquía _____

cortés _____

celebrado _____

servir _____

calzar _____

nitidez _____

descocarse _____

sostener _____

B. *Haga Ud. oraciones originales empleando cada palabra de la lista que sigue.*

1. planta _____
2. categoría _____
3. fausto _____
4. breve _____
5. punto _____

C. *Sustituya la parte en cursiva por un sinónimo.*

1. Tiene parientes de gran *importancia* (_____).
2. García Márquez es un escritor *famoso* (_____).
3. El muchacho trata a todos con *respeto* (_____).
4. Se celebró la boda con gran *pompa* (_____).
5. El artista miraba las estatuas con *placer* (_____).
6. La joven actriz mostraba *descaro* (_____).
7. El carpintero *utiliza* (_____) la madera usada.
8. Las habitaciones de los *sirvientes* (_____) están en el ático.

II. EXPRESE SU JUICIO

1. ¿En qué sentido piensa Ud. que el calzado expone una diferenica entre clases sociales?
2. ¿Es realmente más atractivo en la mujer un pie pequeño?
3. ¿Conoce Ud. alguna civilización en la que se prestan atenciones especiales al pie femenino? Discuta.
4. ¿Es el zapato un complemento del vestido o es algo funcional? Discuta.
5. ¿Cuántos pares de zapatos tiene Ud. en su armario? Clasifíquelos.
6. ¿Qué materiales pueden intervenir en la fabricación del zapato moderno?
7. ¿Por qué, piensa Ud., que los jóvenes americanos disfrutan quitándose los zapatos en días calurosos?
8. ¿Qué opina Ud. de la costumbre de quitarse los zapatos en público?

HOY

FLORES MARCHITAS

Fueron caritas frescas, soñadoras del dinero y de la fama, "chicas ganado" en un mercado donde no compraba nadie. Unas, a lo sumo, conquistaron una diadema de bisutería, unos pasajes para avión o el contrato para anunciar en la televisión un detergente o una papilla de bebé. Otras lograron un marido rico, el calor de un hogar y una posición social. Todas subieron a la pasarela deslumbradas por el destello fugaz de una ilusión.

Son las *misses*. Las bellezas oficiales. Mujeres en flor que un día creyeron encontrar un arma de promoción personal en la hermosura, algo tan difícil de retener.

No eran las más guapas, pero sus cuerpos y sus caras fueron el dulce encanto de un verano, el alegre fulgor de un instante loco, todo lo que, desde la lejanía, hoy apenas conforma la imagen desvaída de un recuerdo o el oculto dibujo de una frustración.

Las grandes frustraciones, las más lamentables, recaen en las jóvenes más inseguras, aquellas que han cifrado la máxima meta de sus vidas en algo tan fugaz como el reinado de un *miss*, según la abogada y feminista Cristina Alberdi.

"Las feministas combatiremos contra estos concursos porque por un lado utilizan el cuerpo femenino como estereotipo de belleza, como un objeto sexual sujeto a un modelo, y por otro crean expectativas e ilusiones generadoras de los mayores desengaños".

Sin embargo, todas las concursantes pasan de feministas, han asumido su destino por desafortunado que éste haya resultado.

La falta de comprensión familiar ha sido en ocasiones la primera barrera que estas aventuradas mujeres han tenido que saltar hasta llegar a la pasarela del concurso. La leyenda negra de los concursos de belleza, según la cual las bellas participantes están a merced de viejos verdes componentes del jurado, ha llevado de cabeza a los padres de las *misses*.

Para María Rosa Pérez Gómez, los prejuicios de su padre propiciaron quizá la posibilidad más inmediata de conocer a su marido, con el que vive en la zona

ganado / *cattle*
a lo sumo / *at most*
bisutería / *costume jewelry*

papilla / *food*

pasarela / *runway* • **deslumbrado** / *dazzled* • **destello** / *sparkle* • **fugaz** / *fleeting*

guapo / *beautiful*

desvaída / *gaunt*

cifrar / *to calculate*

desengaño / *disappointment*

aventurado / *venturesome*

viejo verde / *dirty old man*
llevar de cabeza / *to cause to worry*

propiciar / *to favor*

barcelonesa de Pedralbes. Hoy, desde su veteranía, revive sus bonitos recuerdos y juega al tenis para contener con suavidad el tiempo, consciente, como diría Neruda[1], de que tarde o temprano la edad es algo que nos cubre como la llovizna.

llovizna / *drizzle*

---

1. Pablo Neruda, poeta chileno (1904–1973); Premio Nobel 1971.

ACCION

CONCURSO BUFO

Prepare Ud. un programa detallado para la elección del míster *o de la* miss *de la clase. Ponga Ud. atención en los elementos que Ud. evaluaría en el concurso. Sírvase del vocabulario parcial que sigue.*

VOCABULARIO ESPECIAL

Concurso de belleza

participantes	*míster* *miss*
organizador pasarela	organizar el desfile: en bañador en traje de noche en traje típico
jurado elegir	el juez selección puntuación medidas personales talento
triunfar	reinado título corona premio banda de honor

TEST

¿SOY COMO ME VEO?

¿Es posible armonizar las contradicciones? ¿Conciliar las partes estridentes? ¿Conocerse lo bastante como para poder expresar armónicamente la propia personalidad? Es posible. Es suficiente con mirarse atentamente. Este pequeño test *está hecho con este fin, para presentarnos un cuadro de nuestra personalidad que quizá nunca hemos adivinado. Tomémoslo como un juego divertido; sin dejarnos envolver demasiado y sin permitir que nos influencie exageradamente.*

1. Cierre los ojos y concéntrese en el aspecto exterior. ¿Se siente satisfecho de los siguientes detalles?

    La cara _____   El peinado _____
    La figura _____   El porte _____
    El peso _____   La forma de moverse _____
    El carácter _____   El pelo _____
    La voz _____   La piel _____

2. Entre las siguientes parejas de palabras de significado contrario, ¿cuáles cree usted más adecuadas para definir su personalidad?

    Sensible _____   Poco delicado _____
    Reservado _____   Indiscreto _____
    Paciente _____   Irritable _____
    Leal _____   Injusto _____
    Tolerante _____   Tiránico _____
    Generoso _____   Mezquino _____
    Equilibrado _____   Caprichoso _____
    Cuidadoso _____   Descuidado _____
    Elegante _____   De mal gusto _____
    Vistoso _____   Modesto _____

3. ¿En cuál de estas ocasiones se encuentra más a gusto?
    A. Cuando, discutiendo en un grupo más o menos numeroso, usted defiende su opinión.
    B. En casa, con un grupo de amigos bien avenidos (*in agreement*).
    C. Solo en su casa.
    D. Si usted tiene trabajo que llevar a cabo (terminar).

4. ¿Piensa Ud. alguna vez: "yo podría hacer algo mejor si . . .
    A. . . . tuviera más dinero"?
    B. . . . tuviera más tiempo"?

    C.   . . . no tuviera tantos intereses distintos"?

    D.   . . . conociera algunos trucos más"?

5.   ¿Dónde le gustaría estar en este momento?

    A.   Entre un grupo de amigos hablando de esto y de aquello.

    B.   De camping, cerca del fuego, asando salchichas.

    C.   Alrededor de la mesa jugando una partida de cartas.

    D.   En casa de amigos tocando música.

    E.   En una discoteca bailando.

6.   ¿Qué le perdonarían más facilmente sus amigos?

    A.   El aspecto descuidado.

    B.   Una conducta silenciosa.

7.   ¿Qué querría Ud. mejorar de sí mismo?

    A.   El conocimiento de mí mismo.

    B.   La cultura.

    C.   El aspecto exterior.

    D.   La facilidad para comunicar con los demás.

8.   ¿Qué relaciones tiene Ud. con estas personas?

	BUENAS	MALAS	DEPENDE
parientes	____	____	____
"partner"	____	____	____
colegas	____	____	____
superiores	____	____	____
amigos	____	____	____

9.   ¿Cambia Ud. de idea después de haber conocido más a fondo a una persona?

A. Nunca.   **B.** A veces.   **C.** A menudo.

ACTIVIDAD

Explique el humor de Ballesta (p. 162).

Ballesta

ENCUESTA

MUJERES

El cuerpo

1. ¿Se preocupa Ud. de su cuerpo?

_____

_____

2. ¿Cuida Ud. su silueta?

_____

_____

3. ¿Considera Ud. indispensable un producto específico para los problemas de las piernas o pies?

_____

_____

4. ¿Hace Ud. gimnasia o practica algún deporte?

_____

5. ¿Qué parte del cuerpo le preocupa a Ud. más y por qué?

_____

_____

El pelo

1. ¿Cuántas veces se lava Ud. el pelo en la semana?

_____

2. ¿Con qué tipo de champú? ¿Por qué?

_____

3. ¿Va Ud. a la peluquería a menudo?

_____

4. ¿Sigue Ud. algún tratamiento para el pelo?

_____

_____

5. ¿Sigue Ud. las tendencias de la moda en peinados o color de pelo?

_____

El perfume

1. ¿Sabe Ud. cuál es la diferencia entre un agua de colonia y un perfume?

_____

_____

2. ¿Cuántas veces a la semana utilice Ud. un perfume?

_____

3.   ¿Compra Ud. perfume o se lo regalan?

_____

_____

4.   ¿Qué busca Ud. cuando elige un perfume?

_____

_____

5.   ¿Sabe Ud. cuál es su tipo de piel?

_____

_____

El cutis

1.   ¿Con qué se limpia Ud. la cara por la mañana?

_____

_____

2.   ¿Con qué se limpia Ud. la cara por la noche?

_____

3. ¿Utiliza Ud. mascarillas alguna vez? ¿Por qué?

_____

_____

4. ¿A partir de qué edad cree Ud. que hay que cuidar el cutis?

_____

_____

El maquillaje

1. ¿Por qué se maquilla Ud.?

_____

_____

2. ¿Qué productos utiliza Ud.?

_____

_____

3. ¿Cuánto tiempo dedica Ud. a arreglarse?

_____

4. ¿Sigue Ud. las tendencias de la moda?

_____

5. ¿Le gustaría a Ud. cambiar de imagen?

_____

HOMBRES

El cuerpo

1. ¿Se preocupa Ud. de su cuerpo?

_____

_____

2. ¿Hace Ud. gimnasia o practica algún deporte?

_____

_____

3. ¿Qué parte del cuerpo le preocupa más y por qué?

_____

_____

4. ¿Cuál es su preocupación primordial sobre este tema?

_____

_____

El pelo

1. ¿Cuántas veces se lava Ud. el pelo en la semana?

_____

_____

2. ¿Sigue Ud. algún tratamiento para el pelo?

_____

3. ¿Le gusta a Ud. el pelo largo o corto? ¿Rizado y teñido?

_____

_____

4. Es la calvicie una de sus preocupaciones en este tema?

_____

_____

El perfume

1. ¿Sabe Ud. cuál es la diferencia entre loción y colonia?

_____

_____

2. ¿Piensa Ud. que los hombres deberían utilizar perfumes?

_____

_____

3. ¿Utiliza Ud. perfume? ¿Por qué?

_____

_____

4. ¿Qué busca cuando elige Ud. un perfume?

_____

_____

Las ensaladas de Clara

Bretécher

¡ ya pasó el tiempo de la mujer pulida, sofisticada, de medidas ideales! ¡ sea usted misma!

¡ usted con su propia personalidad física... ¡ aprenda a ser cómplice de su cuerpo...

y sobre todo no se imagine que todas las mujeres célebres por su encanto sean Venus...

la mayoría de ellas tienen defectos, de los que saben sacar partido...

nariz demasiado larga, caderas demasiado anchas, silueta huesuda...

por ejemplo: Barbra Streisand, Liz Taylor, Audrey Hepburn...

¡ Conchita Ramírez !

DIME QUE COCHE
TIENES Y TE DIRE QUIEN ERES

Pese a que el coche es una máquina relativamente reciente, su influencia, en la cultura actual, modo de vida, pensamiento, incluso personalidad es evidente, desde que dejó de ser un lujo de muy pocos. Tan evidente, que el "dime qué coche tienes y te diré quién eres", empieza a ser una realidad reflejada hasta en la literatura y el arte. En su novela *La autopista*, García Márquez[1] habla de un matrimonio agresivo que viaja en un deportivo, y de las monjitas que como contrapunto, van en un 2 caballos[2], definitorio del medio camino que hay entre la humildad y la impotencia.

pese a que / *in spite of the fact that*

matrimonio / *married couple*
deportivo / *sports car*

definitorio / *determinant*

He aquí una serie de reglas de oro que rondan lo infalible.

he aquí / *here is*

Cuando se tiene un Station Wagon, State o Break, que las tres cosas vienen a significar lo mismo, es decir, un coche grande familiar, se es, o se sueña llegar a ser un carroza, afable padre de familia cargado de retoños, y aficionado a que cada uno de sus viajes se convierta en una "grata" y bulliciosa excursión familiar.

carroza / *conservative man*

bulliciosa / *bustling, noisy*

Si por el contrario aspira a ser dueño de un Spider, o ha logrado comprarse el Cupé de sus sueños, tiene abierta y descaradamente vocación de soltero sin descendencia. Muy probablemente es usted un ligón de discoteca independientemente de la edad, sexo, y desgraciadamente para muchos, de su estado civil.

descaradamente / *impudently*
soltero / *bachelor*
ligón de discoteca / *disco Romeo*

Los colores

Negro, gris, metalizados en general, y oscuros siempre, son exponente de personas que tienen como factor dominante de sus vidas la tristeza, suelen mostrarse además, serios, reconcentrados, pesimistas y con un punto de amargura que roza la ironía.

reconcentrado / *absorbed in thought*
rozar / *to border on*

Rojo, amarillo y verde inglés, los eligen gente con mentalidad y actitud deportivas, tienen ansias locas

ansias / *longing, yearning*

---

1. Gabriel García Márquez, escritor colombiano; Premio Nobel de la literatura 1982.

2. Un pequeño coche Citroën.

de juventud aunque no lo sean, y desbordan la alegría de vivir, pese a que estén un tanto apegados al gusto tradicional del coche deportivo.

apegado / *attached*

Blanco, butano, amarillo, naranja, fusia . . . responden a dos condicionantes bien diferenciados. Cuando la elección de cualquiera de estos colores se hace en razón de la seguridad, se pretende no sólo ver, sino ser visto, se trata de personas con un alto sentido de la responsabilidad en la carretera.

butano / *bright orange*

Cuando en la carrocería proliferan dibujos, paisajes y demás elementos decorativos, su dueño puede tener una variada y original mentalidad que va de progre con nostalgías de hippies, a un chulo marsellés, pasando por un granjero tejano o una mecanógrafa castigo de discotecas *by night.*

carrocería / *car body*

progre / *new wave* • **chulo** / *pimp*
granjero / *rancher*
mecanógrafa . . . / *a typist queen at an all-night disco*

El refrán dice: ''coche grande aunque no ande'', pero la triste realidad impone el coche pequeño y funcional de bajo consumo. Pese a todo, las espadas están en alto y tanto uno como otro tienen los partidarios más fieles y los detractores más acérrimos. La mujer soltera y que se encuentra en todas las fronteras de la juventud, prefiere el Ford Fiesta, o el (Renault) R-5, al (Fiat) 127, porque son de línea más baja, tienen una mayor superficie acristalada y, en consecuencia, mayor luminosidad. En opinión de los expertos esta preferencia por el coche pequeño y luminoso, es una sutil manifestación de la feminidad. Pero esa feminidad se transforma cuando la mujer se convierte en madre de familia, y en la familia hay dos coches; el grande, teóricamente del padre, y el pequeño inicialmente de la madre.

partidario / *partisan*
acérrimos / *strongest*

acristalada / *glassed in*

Quien a un coche de serie y bajo precio le adorna con llantas de aleación, volantes deportivos, asientos anatómicos o palanca de cambios propia de un fórmula, se trata de la típica persona del quiero y no puedo, afanada en aparentar y empatar ante el vecino.

de serie / *stock*
llantas / *wheels* • **aleación** / *alloy*
palanca / *stick*

aparentar / *pretend*
empatar ante . . . / *keep up with*

EJERCICIOS

I. ¿CONOCE UD. SU COCHE?

Indique los nombres de las partes señaladas por las flechas (p. 170).

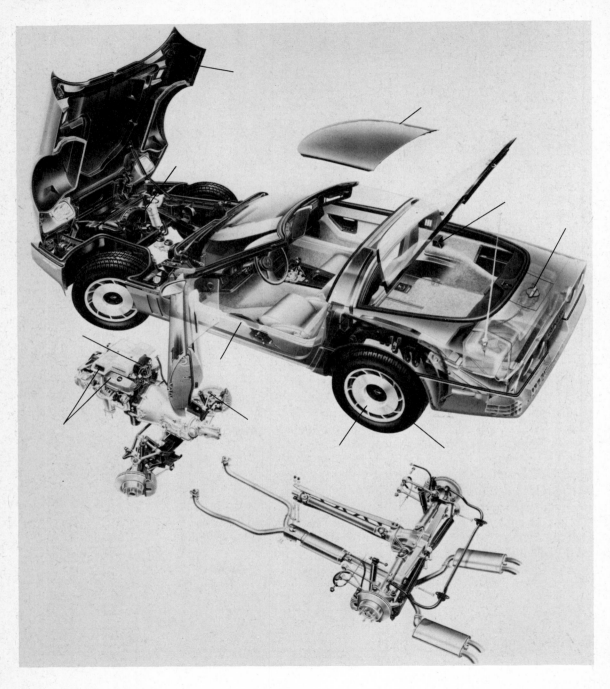

VOCABULARIO UTIL

gasolina	normal	gasolinera
	super	
	diesel, gasoleo	
aceite	monogrado	
	multigrado	
	detergente	

El automóvil, el coche	sedán	
	el cupé	

el motor	cilindros	cilindrada
	el carburador	carburación

freno	de mano	frenada
	de disco	frenar
	de tambor	
	el pedal	
	servo asistido	
	pastilla, zapata	
radiador		
caja de cambio	velocidades	
	el embrague	

carrocería		
	pintura	metalizada, sólida
	el cinturón	
	el volante	
	el parachoques	
	el parabrisas	el limpiaparabrisas
	faros; luces direccionales	
	espejo retrovisor	
	bocina	
	el reposacabeza	

ruedas		
	llantas	de aleación
		de aluminio
	neumáticos	presión

II.   ACTIVIDAD

El mantenimiento de cualquier tipo de vehículo se ha de establecer periódicamente para evitar que el desgaste de las miles de piezas de que se compone se rompan. Imagínese que Ud. es el mecánico de un taller y tiene que explicar a un cliente todas las opera-

ciones de mantenimiento que se deben efectuar. Sírvase como modelo del Chequeo Cambio 16.

Chequeo Cambio 16

Diariamente o antes de cada viaje.	Comprobar visualmente los neumáticos. Limpiar los parabrisas, cristales de los faros y espejos retrovisores.
Semanalmente o después de 400 kilómetros.	Comprobar el nivel de aceite en el motor. Comprobar el nivel del radiador. Comprobar presiones de los neumáticos (incluso el de repuesto). Comprobar si todas las luces funcionan. Rellenar batería si es necesario. Limpiar la superficie superior de la batería. Rellenar el depósito del limpiaparabrisas.
Mensualmente o después de 5.000 kilómetros.	Lubricar varillajes del carburador. Lubricar ligeramente las bisagras de puertas, capota y portamaletas, así como las cerraduras de las puertas. Rellenar los depósitos de líquidos para frenos y embrague. Inspeccionar la tubería. Ajustar freno de mano. Comprobar el recorrido del pedal de freno. Ajustar si es necesario. Limpiar y lubricar todos los puntos de engrase. Rellenar caja de dirección, caja de cambios y eje posterior. Lubricar distribuidor y dínamo, según necesidad. De acuerdo con el kilometraje y las condiciones de rodaje, cambiar el aceite del motor y reemplazar el filtro.
Semestralmente o después de 10.000 kilómetros.	Si así se recomienda, cambiar el aceite en la caja de cambios y en el eje posterior. Rellenar los amortiguadores, si es necesario. Limpiar y ajustar los puntos del distribuidor y las bujías de encendido. Mientras se efectúan estas operaciones, comprobar si existen indicaciones de fugas, tuercas y pernos sueltos, o desgaste. (Si se presta la debida atención en esta etapa, se ahorrarán tiempo y dinero.) Limpiar carburadores y ajustarlos.
Anualmente o cada 15.000 kilómetros.	Realizar una operación completa de mantenimiento preventivo en su agente oficial. Ajustar la geometría de ruedas en taller especializado. Vigilar estado neumáticos. Cambiar pastillas en los frenos de disco e inspeccionar las zapatas en los de tambor. Sustituir líquido de frenos. Cambiar las lámparas de los proyectores e inspeccionar el estado de las parábolas. Cambiar escobillas limpiaparabrisas. Inspeccionar el desgaste de los casquillos de bancada y la compresión del motor. Realizar una limpieza en profundidad de los elementos mecánicos y del habitáculo. Pulir y dar cera a la carrocería.

PEQUEÑO VOCABULARIO *AUTENTICO*	
Alucinar:	estado de embriaguez mental producido por la música, las drogas o el propio ambiente.
Auténtico:	palabra favorita de los *modelnos*, real sin límites externos. La emplean para cualquier objeto—desde el sexo a la imagen externa.
Guapitos:	ligones de la barra (*bar romeos*) que viven para y de su imagen, se visten para la noche.
Modelnos:	corriente no muy definida que suele englobar a todos estos movimientos con una connotación de falsedad de las actitudes. Se refiere a aquellos que se apuntan (subscriben) a lo último, a la última moda.
Movida:	cualquier plan o acciones que realizan normalmente, realmente utilizado en casi todas sus frases.
Pintón:	vestimenta escandalosa y estrafalaria (*outlandish*), generalmente con franjas (*bands, strips*) de colores en el pelo.
Rollo o enrolle:	que está en la misma onda, es decir, corresponde al mundo donde se desenvuelve (*unfolds*).

MAS "MODELNOS" TODAVIA

Son una mezcla de *punks* y *rockers* a la española, son la evolución de la *new wave,* son los nuevos de los antiguos *travoltas,* son los *modelnos,* alimentando sus días en un estrepitoso ruido de máquinas de las galaxias y de música indefinida. Sus raíces: todos los movimientos *progres.* Su existencia: efímera. Su aval: la moda del plástico. Su lema es la *marcha,* la marcha gratuita, vendida a las circunstancias que los envuelven y precipitan a ser un centro de moda (?), el fruto de una civilización (?) o el desperdicio agonizante de una ideología de la estética (?).

alimentar / *to feed, nourish*
estrepitoso / *noisy, deafening*

progres / *avant-guard*
lema / *motto*

desperdicio / *residue*

●

El movimiento *hippy* de los años 60, que contrajo tantos adictos, fue el comienzo más cercano de un fenómeno revolucionario ante la era de la enajenación. El vacío y la no identificación, era el reflejo más íntimo del terror ante la guerra atómica, y los jóvenes se revolvieron ante el sometimiento a una historia que se la daban hecha, concluida . . . Nacía la contracultura, pero estos movimientos intelectuales

enajenación / *alienation*

pronto se comercializaron. Desde la *generación perdida* se fue perfilando lo que Marcuse llamó la "gran negación", una negación que atravesando el movimiento *rocker* y el *punk*, desde los atisbos de la generación *beat* norteamericana, ha concluido un *enrolle* de salón donde los creadores de moda han plasmado un baile de disfraces que bajo el poder de la música se prepara para la caza de brujas.

   Detrás de la vanguardia musical de los ídolos que en un momento aparecen con brillantina o con un

perfilar / *to appear, become*

atisbos / *first growth*

plasmar / *to shape*

brillantina / *brilliantine, hair dressing*

pañuelo rojo en el bolsillo trasero están esas miles o millones de manos sujetando la portada de un disco, soñando parecerse día a día a unas imágenes ausentes, que son el reflejo de un estilo de vida.

portada / *jacket*

Se idolatra un círculo que, a 33/45 revoluciones por minuto, se ha impuesto como recaudador feudal de sus siervos: esas manos que bailan figurando el tecleo de un órgano o el punteo de una guitarra, que se estremecen absortas ante un grito decompasado que se advierte en un concierto *rock*.

recaudador / *tax collector*
tecleo / *fingering, click*
punteo / *plucking*
absortar / *to be entranced*
descompasado / *extreme*
advertir / *to notice, observe*

Y las casas discográficas amontonan material por si algún día un diseñador de moda identifica un tipo de música con un disfraz, como logró hacer Malcolm Mac Claren con cuatro clientes de su boutique al formar Sex Pistols—conjunto que introdujo en Inglaterra la música *punk*—. Luego, sólo basta darle significado a la música y los álbumes de oro rendirán homenaje a algún *manager* que ha logrado crear una corriente musical.

rendir / *to do*

En busca de una imagen; análisis de mercado, diseño de portadas, campañas de moda connotadas por un valor social, carácter agresivo en la música . . . , crear necesidad de consumo, millones de discos vendidos, millones de prendas usadas, toda una maraña económica detrás de los seguidores de una corriente que compran—cada vez con más frecuencia—la imagen de su personalidad.

prenda / *garment* • **maraña** / *tangle, puzzle*

Los *modelnos*, aquellos que son la réplica—porque importan la moda—de la réplica de una corriente musical, aquellos que se esconden tras un espejo perfilándose los últimos toques para resultar igual que . . . , se exhiben por las calles con la mirada interrogante, sin reprimir su violencia aprendida, fumando lo *auténtico*—Chester—, moviéndose como zombis, buscan un principio de *estética* que por ahora lo encuentran con la réplica de los sastres de Carnaby Street de Londres y que quizá mañana lo encuentren en otro sitio . . .

perfilarse / *to perfect, polish*

En Inglaterra surgió el movimiento *punk* para "romper con todo", no se buscaba desvelar una marginación, se pretendía hacerla más visible. José M., un *punk* madrileño convertido a *rocker*, define en términos de agresión su *movida*: "El *punk* nace para llamar la atención, vas por la calle y la gente te mira y te desprecia. Ahora mucha gente se apunta a la

desvelar / *to reveal*
marginación / *alienation*

despreciar / *to despise, scorn*

movida y no son los verdaderos. Los verdaderos en Inglaterra surgen con insignias nazis para provocar la reacción pública, y los verdaderos de aquí llevamos cuatro o cinco años en el rollo''.

La mirada de José M. está cubierta por unas gafas negras, lleva medio tupé en el pelo, pantalones y cazadora de cuero, zapatos puntiagudos y algunas chapas rasgando sus ropas. Opina que al caer la dictadura en España y pasar la oposición a ser el sistema, sus militantes dejan la *canción protesta* para pasarse a las filas del *rock*, llenándose los conciertos de gente desencantada que sólo busca ''alucinarse y divertirse a tope''. Aunque la teoría del desencanto sea válida, no es obvio la condición de ex-militante de la oposición para pertenecer, o seguir, a un movimiento actual de música.

apuntarse / *to join, subscribe to*
surgir / *to appear, spring up*

cazadora / *jacket*
chapa / *button, badge*

fila / *rank*

CUESTIONARIO

1. ¿Cuál es el significado de la música de vanguardia?
2. En el momento, ¿cuál es la corriente musical de vanguardia?
3. Defina Ud. las palabras siguientes:

   Punk   Rock
   Rockers   Rockabilly

4. ¿Piensa Ud. que la música de vanguardia tiene un carácter agresivo? ¿Por qué?

5. ¿Cuáles son las razones sicológicas por las cuales la juventud se enrolla?

6. ¿Cuáles son las características de los *Modelnos?*

7. Describa Ud. la indumentaria (*dress*) de los *Modelnos.*

8. Los *Modelnos,* ¿se expresan a sí mismos con su indumentaria, o siguen, quizá sin darse cuenta, los dictámenes de los publicistas? Explique.

9. Desde el punto de vista socio-sicológico ¿qué diferencia hay entre la indumentaria de los *Modelnos* y los uniformes de los funcionarios públicos?

10. ¿Es cierto que se disfrazan los *Modelnos* para llamar la atención o para cubrir alguna imperfección?

11. ¿Qué les sucede a los *Modelnos* con el paso del tiempo?

12. Describa Ud. el movimiento *hippy* de los 60 y contrástelo con los movimientos de vanguardia de hoy.

¡OJO!

Busque en el diccionario los varios significados de las siguientes palabras y luego emplee cada una en sus distintos valores semánticos en oraciones originales.

1. gracioso _____
2. largo _____
3. masa _____
4. parientes _____
5. planta _____
6. reparar _____
7. tocado _____
8. toilette _____

GOYA'S *CAPRICHOS*

Francisco Goya announced the publication of his *Caprichos* in the *Diario de Madrid* of February 6, 1799. At the lower corner of a plate that he proposed as the frontispiece to the collection he inscribed the following words. "The author dreaming. His sole intent is to banish prejudicial vulgarities and with this work to perpetuate the solid testimony of truth." To the captions, it is believed, he later added commentaries that explained the "extravagances and follies, prejudices and frauds."

The translation of the commentaries that appear in *Textos de ayer y de hoy* follows.

Not even so can he make her out.
How can he make her out? To know what she is really like, a monocle is not enough; what is needed is judgment and worldly knowledge and this is precisely what this poor fellow lacks.

What if the pupil knows more?
It is not known whether he knows more or less; what is certain is that the teacher is the most serious character who could be found.

Ups and downs.
Fortune treats badly those who revere her. She rewards with smoke the efforts of climbing and punishes with downfall those who have risen.

They carried her off.
A woman who is not careful belongs to the first man who grabs her and when it is too late people wonder why she has been taken.

The jug broke.
The boy is mischievous and the mother is bad tempered. Which is worse?

Until death.
She is right to make herself beautiful. It's her seventy-fifth birthday and her friends are coming to see her.

VOCABULARIO

The following vocabulary includes words found in the text, exercises and marginalia. The omitted words are of the following types: (1) simple words and grammatical categories that should be familiar to every student of Spanish; (2) recognizable cognates; (3) ordinal and cardinal numbers.

The abbreviations are as follows:

adj.	adjective		*n.*	noun
adv.	adverb		*pl.*	plural
f.	feminine (noun)		*prep.*	preposition
m.	masculine (noun)		*v.*	verb
mus.	music			

abajo *adv.* / down
abarcar / to include, encompass
abatir / to knock down
abierto / open
abismo / abyss
ablandar / to soften
abnegado / not selfish
abogado / lawyer
abolir / to abolish
abominar / to hate
abonado / subscriber
abonar / to subscribe; pay
aborrecer / to detest
abotonar / to button
abrazar / to embrace
abrelatas *m.* (*pl.* **-tas**) / can opener
abuelo / grandparent
aburrido / bored; boring
acabar / to finish; — **de** / to have just
acarrear / to cart, to bring upon oneself
acaso / chance, accident
acatar / to revere
acechar / to spy on
aceite *m.* / oil
acepción / meaning
acerca de / about
acertar / to hit upon
acoger / to take refuge
aconsejar / to advise, recommend
acontecimiento / happening, event
acordar / to agree

acristalado / glassed
actual / present, of the time
actuar / to perform, act
acudir / to attend, respond
acuerdo / agreement, decision
acumular / to gather
acusar / to accuse; acknowledge
achacar / to attribute, impute
adecuación / fitting
adelantar / to move forward
adelgazar / to become thin, reduce
además *adv.* / besides
adepto / follower
aderezar / to cook, prepare, season
adivinado / guessed, hit upon
adjudicar / to award
adocenado / commonplace, ordinary
adquirir / to acquire
advertir / to caution, notice
afán *m.* / hard work, desire
afanar / to toil, struggle
afectivo / emotional
aficionado / fan, amateur
afilar / to sharpen
afinado / refined, tuned
afrenta / insult
afrontarse (con) / to confront
agarrar / to grab, grasp
agitar / to wave, stir
agobio / burden, oppression
agotamiento / exhaustion

agradar / to please
agravio / insult
agregar / to add
agriar / to exasperate
agrietar / to crack
agrio / sour
aguantar / to bear, endure
aguardar / to wait for
agudeza / sharpness
agudizada / sharpened
agudo / acute, sharp
aguzar / to sharpen, incite
ahogar / to drown
ahorrar / to save
ahumado / smoked
ahuyentar / to scare away
airado / angry
ajeno / alien, foreign
ajo / garlic
ajustar / to adjust
alabar / to praise
albañil / mason, bricklayer
albergar / to shelter, house
alboroto / disturbance
alcahuete *m.f.* / bawd, go-between
(al) alcance / within reach
alcanzar / to reach
aleación / alloy
alegría / happiness, cheer
alejado / separated
alejarse / to move away
alentar / to encourage, inspire
algodón / cotton
alguna que otra vez / once in a while
alharaca / fuss, outcry
alimentación / nourishment
alimentar / to nourish
alimenticio / nourishing, food
alimento / food
alistar / to enlist
(el) alma *f.* / soul
almacén *m.* / store
alojamiento / lodging
alrededor *adv.* / around
alto / tall; high

altruista / not selfish
altura / height, altitude
alubia / string bean
allegar / to earn; gather
ama de casa / housewife
amanezador / threatening
amante *m.f.* / lover
amarillo / yellow
ambiental / environmental
ambiente / surroundings
ámbito / limit; scope
ambos / both
amenaza / threat
amenazar / to threaten
amenguar / to lessen, diminish
amistad / friendship
amoldar / to adjust, adapt
amontonar / accumulate
amparador / protecting
ancianidad / old age
andrajo / rag
angustia / anguish, pain
anhelo / yearning, longing
animar / to encourage
ansia / anxiety; longing
antaño / last year
antecesor / ancestor; preceding
antiguo / old
antipatía / dislike
antipático / loathsome, nasty
antojo / whim, fancy
añadir / to add
apacible / peaceful
apagar / to turn off
aparato / apparatus, organ
aparecer / to appear
aparentar / to pretend
apartado *adj.* / separated, distant; *n.* section
apartarse / to move away
apegar / to attach
apellido / surname
apenas / barely
aplicación / dedication
aportación / contribution
aportar / to bring; provide

apoyar / to support; rest
apresurar / to hasten, hurry
apretar / to squeeze, press
aprobar / to approve; pass a course
apto / suitable
apuntar / to subscribe; join
(de) aquí / hence
arbitrio / free will
arrancar / to pull out; tear away
arrastrar / to drag along
arreglar / to arrange; fix
arreo / adornment
arrepentimiento / repentance
arriero / muleteer; ordinary
arriesgar / to risk; endanger
arrojar / to hurl
arrugado / wrinkled
arruinar / to destroy
as *m.* / ace
asar / to roast
ascendencia / ancestry
ascensión / rise, ascent
asegurar / to assure
asequible / accessible
asiento / seat
asignatura / course (*in school*)
asilo / refuge; childcare center
asistir / to attend
aspaviento / fuss, excitement
áspero / rough, coarse
astucia / astuteness, cunning
asunto / subject matter
asustado / scared
atadura / binding; bond
atavío / adornment
atención / kindness
atender / to pay attention
atisbo / indication, showing
atrayente / attractive
aumento / increase
aunque / although
ausencia / absence
autopista / turnpike
aval *m.* / endorsement
avanzar / to advance, increase

aventura / affair
aventurarse / to venture
avisado / cautious
azar *m.* / chance; fate
azul / blue

bacalao / codfish
bailaor / flamenco dancer
bajar / to lower
bajo *adj.* / low; *adv.* down
balneario / spa
baloncesto / basketball
banco / bench; bank
banda de honor / sash
bandeja / tray, platter
bandera / banner, flag
bañador / bathing suit
barba / beard
barrera / barrier
barriga / belly
barrio / neighborhood
bastante / enough
bastar / to suffice
batalla / battle
batido / milk shake; *adj.* beaten
batidora / mixer
batir / to beat
bautismo / baptism
beber / to drink
belleza / beauty
bendición / blessing
beneficio / benefit, profit
bestia / beast, animal
biblioteca / library
(de) bien / of note, worth
bienestar / well-being
billar *m.* / pool table; billiards
billete *m.* / ticket
bisutería / costume jewelry
blandir / to brandish
bocado / morsel
bocina / horn
bofetada / slap in the face
boga / fad, style
bola / ball

boletín *m.* / ticket
bolsillo / pocket
bombero / fireman
bondadoso / kind, good
(al) borde / at the edge
borrachera / drunkenness, spree
botarate *m.* / smart aleck
botón *m.* / button
bravío / wild, fierce
brazo / arm
brillante / precious stone; *adj.* showy
brillar / to shine
bromista *m.* / joker
brotar / to sprout
brujo / sorcerer
bruñido / burnishing
bullicioso / noisy
burgués *adj.* / middle-class
burlar / to ridicule; deceive
buscar / to look for
búsqueda / search, pursuit

cabal / exact; complete
cabelle / hair
caber / to fit
(al) cabo / at the end; finally
cada / each
cadejo / skein
caer / to fall
cafetera / coffeemaker
cálculo / plan, calculation
calificación / grade
caluroso / warm
calvo / bald
calzar / to shoe; to wear shoes
callado / silent
callar / to be silent
calle / street
callejera / of the street
camarero / waiter
cambio / change
camino / road
camionero / trucker
campo *m.* / country, field
canal *m.* / channel

cancionero / collection of verse or songs
candidez *f.* / candor; innocence
cansancio / fatigue
cantaor / flamenco singer
capa / cap, layer
capacidad / ability; talent
capacitado / capable
capaz / able, fit
capcioso / crafty, deceptive
captar / to obtain
carca *m.* / old-fashioned
carcajada / outburst of laughter
cárcel *f.* / prison
carecer de / to lack
carente / lacking
cargado / loaded; charged
cargarse a / to ruin, destroy
cargo / duty, job
carrera / career; race
carretera / road, highway
carril *m.* / track, rail
carrocería / car body
carroza *m.* / mossback
carta / playing card
cartel *m.* / poster
casa de empeño / pawnshop
casarse / to marry
casi / almost
(hacer) caso a / to mind
casquivano / scatterbrained
castigar / to condemn; punish
casualidad / chance; accident
cátedra / chair, professorship
categoría / class; importance
cautela / caution
caza / hunt
cazuela / casserole
cebarse en / to feed on
cebolla / onion
cegar / to blind
cenar / to have supper
cenizas / ashes
censura / censorship
ceñirse a / to adapt to
cerco / circle, group

cerdo / hog
cerebro / brain
cerrar / to close
cerril / wild; obstinate
certamente / justly
cerveza / beer
cese *m.* / stoppage
ciego / blind
cielo / sky
ciencia / science, knowledge
cierto *adj.* / certain
cifrado / calculated
cinturón / seat belt
circundante / surrounding
cita / date, meeting
citar / to mention
ciudad / city
ciudadano / citizen; urbanite
claudicar / to limp; surrender
clavado / nailed; fixed
clave / key
clavel / carnation
coaccionar / to force
coche *m.* / car
cocido / stew
cocina / kitchen; cuisine
cocinero / cook
coeficiente *m.* / factor
cojera / limp
cojo / lame
colegio mayor / dormitory
colgar / to hang, attribute
coloquio / talk
coloreado / stained
cometer / to commit
cometido / assignment; commitment
comezón / itch
comienzo / beginning
cómodo / comfortable
comodón / comfort-loving
compañero / partner; mate
compartir / to share, divide
compás (*mus.*) / beat; time
complejo / complex
comportamiento / behavior

comprar / to buy
comprendido / comprised
comprobación / proof
comprobar / to prove
cómputo / computation
concienzudamente / carefully
concluir / to conclude, finish
condenar / to condemn
conducir / to drive; to guide
conducta / conduct, behavior
conductor / driver
confeccionar / to prepare
conferencia / lecture
confiar / to trust
configurar / to form, shape
conformar / to conform, adapt
conforme con / in agreement with
congénere / fellow
conjunto / whole, entirety
(en) conjunto / as a whole
conmover / to affect, move
connotado / notable
conocer / to know
consciente / conscious, aware
consecución / attainment
conseguir / to obtain; win
conservar / to conserve, keep
consigna / order; checkroom
consignar / to point out
constar de / to be clear of
contar con / to count on
contestar / to answer
contextura / structure
contraer / to contract
convenir / to be suitable
convivencia / living together
convocar / to call (*a meeting*)
convocatoria / opening session
copa / cup, wine glass
copla / stanza, verse
corbata / necktie
(hacer) coro / to echo
corona / crown
corpiño / bodice
corredor / runner

correr / to run
(al) corriente / informed
cortar / to cut
cortejar / to court; attend
cosa de / a matter of
(a) costa / at the expense of
costoso / expensive
costumbre *f.* / custom, habit
cotidiano / daily
crear / to create
creciente / growing
crecimiento / growth
cree / to believe
creencia / belief
creyente / believer
criana / breeding
cruzado / crossed
cuadro / square, painting
cuajar / to jell
cualquier / whichever
cuantía / amount
(en) cuanto a / regarding
cuartel *m.* / barracks
cubrir / to cover
cuenta / bill, account
(sin) cuento / innumerable
cuerdo / sane
cuerno / horn
cuidadoso / careful, concerned
cuidar / to care
culto *adj.* / educated, cultured
cumplido / finished
cumplimiento / performance
cumplir / to perform, fulfill
cursar / to study for
cutis / skin

champú / shampoo
chapín *m.* / clog, sandal
chasquido / cracking sound
chincheta / thumbtack
chismografía / gossiping
chiste *m.* / joke
chistoso / witty, funny

choque *m.* / shock
choza / hut

dañino / harmful
daño / damage, harm
dar a luz / to give birth
darse cuenta de / to realize
deambuleo / strolling
debajo de / under
deber *n.* / duty; *v.* to owe
débil / weak; underdog
decano / dean
decir / to say
decoro / honor, dignity
decrecer / to decrease
definitorio / determinant
dejar / to leave
dejar a un lado / to do without
dejo / aftertaste
delgadez / slenderness
delito / crime
demás / rest of the
demasiado / too much
denigrar / to defame, insult
dependiente *m.f.* / store clerk
deporte *m.* / sport
deportismo / sport, sports
deportivo *n.* / sportscar
derecho / right, law
derribar / to knock down
derrochar / to waste, squander
desacuerdo / disagreement
desafiar / to challenge, dare
desafortunado / luckless
desaliento / discouragement
desánimo / discouragement
desaparecer / to disappear
desarraigo / uprooting
desarrollar / to develop
desastre / disaster
desavenencia / discord
desayuno / breakfast
desbaratamiento / destruction
desbordar / to overflow

descanso / rest
descaradamente / impudently
descargar / to discharge
descaro / impudence
descoco / insolence, gall
descompasado / extreme
desconocer / to be ignorant of
desconocido / stranger; unknown
desconsuelo / grief, disconsolation
descubrir / to discover
descuido / carelessness
desde luego / of course, at one
desdicha / misfortune
desear / to wish, desire
desecado / dried up; wrinkled
desembarazarse de / to get rid of
desempeñar / to play (*a role*)
desenfocar / to distort
desenfreno / unruliness
desengaño / disappointment
desentrañar / to dig deeply into
desequilibrio / imbalance
desfallecimiento / debilitation
desfilar / to march off
desfile *m.* / parade
desgracia / misfortune
deslizar / to slip, slide
deslumbrado / dazzled
desnatar / to skim
desnivel / unevenness
desnudo / naked
desorden *m.* / disturbance
despabilar / to wake up
despendido / not selfish
desperdicio / residue
despertar / to awaken
despierto / wide-awake
despilfarrar / to squander
despojar / to strip, divest
desposeer / dispossess
despreciable / despicable
desprenderse de / to be clear of
despreocupado / carefree
desprestigiar / to disparage

despropiar / to dispossess
destacado / distinguished
destacar / to emphasize
destello / sparkle
desterrar / to banish, exile
destinar / to assign
destituir / to expel, drive out
destreza / skill
destrozar / to ruin
destruir / to destroy
desvaído / gaunt
desvanecido / faint
desventura / mishap
desvestido / naked
desvincularse / to free oneself
detalle *m.* / detail
(con) detenimiento / with care
detrimento / harm, damage
diario / daily
dibujar / to draw
dictamen / dictum, opinion
dicha / luck
difundir / to diffuse
digerir / to digest
digno / worthy
dinero / money
dirigir / to direct
dirimir / to dissolve, annul
discernimiento / commitment
discípulo / pupil; disciple
disconformidad / nonconformity
disculpar / to excuse
discutible / debatable, disputable
disfraz *m.* / disguise
disfrutar / to enjoy
disgustar / to displease
disimular / to disguise
disminuir / to diminish
disparar / to shoot
disponer / to have at one's disposal
dispuesto / disposed
distinto / different
divertirse / to enjoy oneself
divulgar / to divulge, disclose

doblar / to fold, double; crease
docencia / teaching; teaching staff
dócil / mild; gentle, tame
docto / educated, learned
dolor / pain, sorrow
domicilio / dwelling
dotado / endowed; equipped
dudar / to doubt
dueño / owner, master
dulce / sweet
durar / to last
dureza / hardness, roughness
duro / hard; 5 pesetas

eclosión / opening, blossoming
ecuánime / impartial
echar / to throw away, cast
echar por la borda / to be clear of
edad / age
(en) efecto / sure enough
eficacia / effectiveness
egregio / esteemed, distinguished
eje *m.* / axis; axle
ejemplar *m.* / specimen; model
ejercer / exercise (*a profession*)
ejercitar / to exercise, practice
ejército / army
elección / choice
electrodoméstico / electric appliance
elegido / chosen
elogiar / to praise
eludir / to evade
embalsamar / to embalm
embarazo / pregnancy
emboscar / to ambush
embriaguez / intoxication
embutido / sausage
emolumento / retribution
empatar / to tie (*in games*)
empeñarse en / to engage in
empezar / to begin
emplear / to employ; use
empleo / work, job
empobrecido / impoverished
emprender / to undertake

empresa / undertaking
empujar / to push
enajenación / alienation
encajar / to make fit, insert
encanto / charm, delight
encararse con / to confront
encargar / to entrust
encarrilar / to put on track
encasillar / to classify
encender / to spark, ignite
encierro / running of the bulls; pen
encinta / pregnant
encogido / wrinkled
encontrar / to find
encrucijada / crossroad
encubrir / to hide
encuentro / meeting, encounter
encuesta / inquiry; poll, survey
endurecer / to stiffen, harden
enfermedad / sickness
enfermera / nurse
enflaquecer / to become thin
enfocar / to focus; to size up
enfrentar / to face
engañar / to trick, lie
engendrar / to engender
englobar / to include
enlazar / to enlace
enmascarar / to put a mask on
enorgullecer / to make proud
ensañarse / to feed on
ensayo / essay; trial
ensuciar / to dirty, soil
entablar / to board up
ente *m.* / being
enterar / to inform
enternecer / to move to pity
entero / whole, complete
enterrar / to bury
entrañable / close, intimate
entregar / to deliver; to fit
entregarse / to surrender
entretanto / meanwhile
enturbiar / to muddle
envanecerse / to become vain

envilecer / to degrade
envolver / to wrap
equipo / crew; equipment; team
equivocar / to err
erizar / to set on end
escalofrío / chill
escasamente / barely
escasez / scarcity
escatimar / to scrimp
esclavitud / slavery
escolar *m.* / student
escollo / reef; rock
esconder / to hide
escuchar / to listen
esforzado / vigorous, strong
esfuerzo / effort
esfumar / to fade away
esgrima / fencing
espada / sword
espantar / to frighten
espantoso / frightful
especia / spice
espejo / mirror
esperanza / hope
espeso / dense
esqueje *m.* / cutting
esquina / corner
esquivar / to evade
estallar / to burst
estampa / print; footstep
estancia / stay
estandarte / banner
estiercol *m.* / dung, manure
estofado / stew
estorbar / to hinder; obstruct
estrecho / narrow
estrella / star
estremecer / to shake; perturb
estrenar / to show for the first time
estrepitoso / noisy
estribar / to consist of
etapa / stage, phase
evangelio / gospel
evitar / to avoid
exigir / to require

éxito / success
expedito / free, easy, ready
explotar / to exploit; to explode
exponer / to expound
expulsar / to expel, drive out
extraer / to extract
extrañar / to banish; to miss

fábrica / factory
facultad / faculty; school (*of a university*)
falda / skirt
faltar / to be lacking; to fail
fallar / to fail
fallecer / to die
fantasioso / vain
faro / headlight
fatigado / tired
fausto / pomp show
fe *f.* / faith
fecundo / productive
fémina / woman
férula / ruler, ferule
fiel / loyal
fiera / wild animal
figón / diner, tavern
fijar / to fasten
fijarse en / to notice
fijo / fixed
fin / end; purpose
(al) final / in the end
fingir / to feign
flaco / thin, slender
flor *f.* / flower
follón / riot, racket
fondo / bottom
(en el) fondo / at the end
forjar / to forge; to build
fortalecer / to fortify
forzar / to force
freidora / frying pot
frenesí / frenzy
freno / brake
fruición / pleasure; fruition
fuente *f.* / fountain; source
(a) fuerza de / by dint of

(a la) fuerza / forcibly
fuga / flight
fulano / so-and-so
fulgor / splendor
fumar / to smoke
fundir / to fuse, mix
funesto / sad
fusionar / to fuse, merge
fútbol *m.* / soccer

gafas *f.pl.* / spectacles, glasses
galantear / to court; to woo
gama / gamut
ganado / cattle
ganar / to win
gastar / to waste, spend
gayo / gay, bright
genial / brilliant; pleasant
gesto / gesture; look
goce *m.* / enjoyment
gordo / fat
gota / drop
gozar / to enjoy
gracioso / gracious; witty
grasa / fat, grease
grato / grateful
gravedad / seriousness
gremio / guild
gritar / to shout
guadaña / scythe
guapo / *cute;* "**guapa**" *n.* / girl dancer
  (*flamenco*)
guerrero / warrior
guía *m.f.* / guide; *f.* guidance
guisar / to cook
gusto / pleasure; taste, flavor
gustoso / tasty

hábil / able, capable
hacerse / to become
hallar / to find
harén *m.* / harem
haz / bunch, bundle
hazaña / feat, exploit
hecho / fact
henchir / to fill, stuff

heredar / to inherit
hermanado / matched
hermosura / beauty
hervidero / boiling spring
hervir / to boil
hierba / grass; herb
hilo / thread
hípico / hippic, equine
hogar *m.* / hearth, home
hoguera / bonfire
hoja diaria / daily paper; counterfeit
hollar / to tread upon
hondo / deep
horario / schedule
horca / gallows; pitchfork
hospedaje / lodging
hospicio / orphanage; poorhouse
hueco / opening, hole
huelga / strike (*of workmen*)
huella / sign, stamp, imprint
huevo / egg
humareda / cloud of smoke
humilde / humble
humillar / to humiliate; humble
humorismo / sense of humor
humoso / smoky
hundir / plunge, sink
(a) hurtadillas / on the sly

ideario / body of ideas
idioma *m.* / language
idolatrar / to idolize
iglesia / church
igual / equal, the same
(dar) igual / to be all the same
impedir / to prevent
imperar / to rule
implicar / to imply
imponer / to impose
importar / to matter
imprecar / to curse
impresionante / impressive
imprevisto / unforeseen
impropio / improper; foreign
impuesto / tax

inacalbable / interminable
inagotable / endless
inanición / exhaustion
incapaz / incapable; inept
incendio / fire
incidir en / to impinge on
inclinarse a / to be inclined to
incluir / to include
incomodidad / inconvenience
incontestable / unanswerable
incontrovertible / indisputable
inconveniente *m.* / obstacle
inculto / uneducated; uncivilized
indebido / undue; improper
indicio / evidence, sign
indigno / not worthy
indiscutible / certain, undeniable
índole *m.* / character
indudable / certain
indumentaria / dress, clothing
inesperado / unforeseen
inexpugnable / firm, impregnable
infamar / to defame
infortunio / misfortune
infuso / inspired; given
ingente / huge, immense
ingresos / income
innegable / certain
inquieto / restless
insignia / badge
insigne / famous, renowned
insoportable / unbearable
inverosímil / improbable
invertir / to invest
iracundia / anger
irremisiblemente / unpardonably
irreprimible / irrepressible
isla / island
izquierda / left

jamón / ham
jaula / cage
jefe *m.* / chief, boss
jornada / duration of a day
jornalero / day laborer

judía / kidney bean, string bean
juez *m.* / judge
juicio / judgment; trial
juntar / to join; meet
jurado / jury
justa / joust
juvenil / youthful
juventud / youth
juzgar / to judge

labor *f.* / work
lado / side
lance / move, stroke, turn
lanzar / to hurl, throw
largo / long
lata / tin can
leal / loyal
legumbre *f.* / vegetable, legume
lejanía / distance
lema *m.* / motto
leña / firewood
levita / frock
ley *f.* / law
leyenda / legend
liar / to get into trouble
libérrimo / most free
libre / free
licuadora / blender
lidia / fight; bullfight
ligero / light; scatterbrained
ligón / hoe; flirt, Romeo
límite / limit; term
limosna / alms
limpio / clean
lino / linen, flax
listo / ready; quick
loable / praiseworthy
lograr / to get, obtain
logro / success
loncha / slice, strip
lontananza / distance
lucha / fight, struggle
lugar *m.* / place
lujo / luxury
lujoso / luxurious; magnificent

llamativo / showy; attractive
llanta / wheel, tire
llenar / to fill
llevar / to carry; wear (*clothes*)
llevar aparejado / to carry with it
llevar caminos / to show signs of
llevar de cabeza / cause to worry
llevar la cuenta / to keep track of
llovizna / drizzle
lluvia / rain

madeja / skein
madurez / maturity
maduro / ripe; mature
magisterio / teaching; teachers
magro / lean, meager
malgastar / to waste, squander
manejar / to handle; drive
maniobrar / to maneuver
manjar *m.* / food, dish
manojo / skein, bundle
manotazo / slap
manso / gentle, tame
maquillaje / make-up
máquina / machine
maraña / thicket; tangle; puzzle
marco / frame; standard
marchar / to march, go; go away
(al) margen / apart
marido / husband
mariposeo / flirting
marisco / shellfish
mármol / marble
marrón / fugitive
masa / mass; dough
máscara / mask
matar / to kill
materia / matter; subject
matiz *m.* / nuance, shade
matrícula / registration, enrollment
matrimonio / marriage; married couple
máxime / especially
mayor / major; older
mediano / mediocre
mediante *prep.* / through

medida / measure; step
medio *n.* / environment; *adj.* average
medir / to measure
mejilla / cheek
mejoramiento / betterment
melena / mane, long hair
mendicante *m.* / beggar
mendicar / to beg
mente *f.* / mind
mentir / to lie
(a) menudo / often
merced a / thanks to
merecer / to deserve
meridional *m.f.* / southerner
mestizaje *m.* / crossbreeding
meta / goal
meter / to put, place
mezcla / mixture
mezquindad / poverty; wretchedness
miedo / fear
miga / crumb
milagro / miracle
milicia / militia; military service
mimbre / wicker
minus válido / second-rate
mira / aim; purpose
mirada / look
mirar / to look
mitad / half
mitigar / to mitigate, appease
moda / fashion, style
modalidad / way, manner
mofarse de / to scoff at
moho / mold; laziness
mojigatería / hypocrisy
molestar / to annoy
mondar / to prune, trim
moneda / money, change
monja / nun
morada / dwelling
morbo / sickness
mordisco / nibble, bite
morrillo / fat of neck
mostrar / to show
mozo / youth, lad; waiter

mudanza / change; moving
muerte / death
muestra / show; sample
mundo / world
muralla / wall, rampart

nacer / to be born
natación / swimming
nave *f.* / ship
necesidad / need
necio / foolish, stupid
nefasto / sad; tragic
negar / to deny, refuse
neto / clear, clean
nevera / refrigerator
nieto / grandchild
niñez / childhood, childishness
nítido / bright, smart
nivel *m.* / level
nocividad / harm
nogal *m.* / walnut (*tree, wood*)
nombradía / fame, renown
nota / grade (*school*)
noviazgo / courtship
nube *f.* / cloud
nutrir / to nourish, feed

obligar / to obligate; force
obra / work
obrar / to work; act
(no) obstante / in spite of
obtener / to obtain, receive
ocasionar / to cause
ocaso / decline
ocio / idleness
ocultar / to hide, conceal
oficio / role; occupation
oído / ear; hearing
oir / to hear
oleada / big wave; surge
olvidar / to forget
onda / wave (*in hair*)
oponerse a / to oppose
oposiciones / competitive exams
óptimo / very good, best

ordenador / computer
ordenar / to arrange
oreja / ear
orgullo / pride
orilla / shore, bank
oro / gold
osado / bold
osar / to dare
oscuridad / darkness
ostentar / to boast
oyente / listener; auditor

padecer / to suffer
padres *m.pl.* / parents
pagar / to pay
paisaje / landscape
palanca / lever
palestra / arena; gym
palillos / castanets
palmas / clapping, applause
palmeta / ferule
pandilla / gang, band
panel de tanteo / scoreboard
pantalón / trousers
pantalla / screen (*movie, television*)
pañuelo / handkerchief
papa / food (*baby*)
papanatas / simpleton
parabrisas / windshield
parachoques / bumper
parecer / to look, seem
pared / wall
pareja / pair, couple
pariente / relative
parir / to give birth
paro / work stoppage
particular / private
partidario / partisan; fan
parvulario / kindergarten
pasaje / passage; ticket
pasajero *adj.* / passing; *m.f.* passenger
pasarela / walk, platform, runway
pasta / dough; money
pastilla / tablet, pill
patíbulo / scaffold (*for executions*)

pauta / guideline
paz / peace
peble / people, masses
pecado / sin
pecaminoso / sinful
(dar el) pecho / to nurse (*a baby*)
pedazo / piece
pedir / to ask for
pegar / to paste; attach
peinado / hairdo
pelado / bare, bald
peligro / danger
peluquero / hairdresser, barber
pena / punishment; pain, sorrow
pensar / to think
pensión / pension; boarding house
penumbra / semidarkness
peor / worse; worst
perder / to lose
perdido por / mad about
perdiz / partridge
perdurable / everlasting
perfilar / to profile
periodista *m.f.* / journalist
perjudicar / to harm
perjuicio / harm, injury, prejudice
permanecer / to remain
perseguir / to pursue; harass
perspicacia / keen sight
pertenecer / to belong
pesadumbre / heaviness; trouble
pesar *m.* / sorrow, regret; *v.* to weigh
pescado / fish (*that has been caught*)
pez *m.* / fish
picardía / roguishness
(en) pie / standing; in force
piel / skin; pelt; leather
píldora / pill
pimentón / large pepper; paprika
pimiento / pepper; black pepper
pintura / paint; painting
piragüismo / rowing (*shell*)
pisto / fried vegetables
pizarra / slate; blackboard
placa / button; badge

placer / pleasure
plancha / iron
(de) plano / flatly
planta / sole (*of foot*)
plantear / to expound; establish
plasmar / to shape
plata / silver; money
plato / plate; dish
plausible / praiseworthy; pleasing
pleito / lawsuit
pleno / full
poblado / populated; town
pobreza / poverty
pocilga / pigpen
podar / to prune
poder *n.* / power; *v.* to be able to
poder con / be able to manage
poderoso / powerful
poner / to place, put
por de pronto / for the present
por el momento / for the present
por lo tanto / therefore
por su parte / for him/her
pordiosero / beggar
pormenor / particular, detail
porro / joint, marijuana
portada / cover (*magazine*)
porte / portage
porvenir / future
posada / inn
posarse / to perch, settle
poseer / to own, possess
preciso / precise; necessary
premio / prize
prenda / garment
prensa / press
preocupar / to worry
prescindir de / to do without
presentir / to suspect
préstamo / loan
prestar / to lend; borrow
presupuesto / budget
pretender / to claim, expect
prever / to foresee
(de) pro / of note; of worth

proceso / process; trial
proeza / prowess, feat
profesorado / the teaching staff
profundo / profound, deep
promedio / average
propenso / inclined, disposed
propiciar / to favor
propinarse / to treat oneself to
proporcionar / to provide
propósito / purpose, intention
propugnar / to defend, protect
provecto / mature, ripe
provecho / advantage, benefit
(de) provecho / useful
prueba / proof; examination
prurito / desire
pudor / modesty
pueblerino / rustic, of a village
puericultora / daycare worker
puntuación / grades; points (*sports*)
puño / fist
puro / cigar

quedar / to remain
quehacer / task, chore
quejar / to complain
querer decir / to mean, signify
queso / cheese
quilate / carat
quinta / draft, induction
quirúrgico / surgical
quitar / to take away
quizá / maybe, perhaps

rail *m.* / rail
raíz *f.* / root
rango / rank
ranura / slot
razón / reason
reanudar / to resume
rebajar / to degrade; reduce
rebanada / slice
rebotar / to repel
rebrotar / to sprout
recalcar / to squeeze

recato / modesty, decency
recaudador / tax collector
receta / recipe; prescription
recio / strong
recipiente / container
recluta *m.* / recruit
recoger / to gather
reconocer / to recognize
reconocimiento / recognition; gratitude
recorrer / to run; traverse
rectitud / correctness
rector / president (*of a university*)
recuerdo / memory; souvenir
recurrir / to resort
rechazar / to repel, reject
rédito / interest, income
redoblar / to double
reducto / fortification
reemplazar / to replace
refajo / skirt, slip
reflejo / reflex; glare
refrán / proverb
refrenar / to check, restrain
refulgir / to shine
regalar / to give, present
regatear / to haggle over
régimen *m.* / diet
registrar / to inspect; register
regla / rule
reglamentar / to regulate
regresar / to return
rehusar / to reject
reinado / reign
reivindicación / demand
relevo / relief
relumbrar / to shine
remanso / sluggishness; dead water
remo / oar
remolino / whirlpool
remontar / to go back in time
remozar / to rejuvenate
rendija / crack, slit
rendimiento / submission; exhaustion
rendir / to subdue; do (*homage*)
rendirse / to surrender

reo / guilty
reparar (en) / to notice
repartir / to distribute
(de) repente / suddenly
replegar / to fold over
réplica / answer, argument
reposacabeza / headrest
represalia / reprisal; retaliation
reprimir / to repress
requerer / to require
respiradero / vent
resplandecer / to shine
resquemor / sorrow; resentment
retoñar / to sprout
retoño / sprout; offspring
retrasar / to retard, delay
reventar / to burst
revoltoso / rebellious
revuelta / revolt; turning point
ribetes *m.pl.* / strain, streak
riesgo / risk
riñón / kidney
risotada / guffaw
robar / to rob, steal
robustecer / to strengthen
rodear / to surround
rogar / to plead for
romper / to break
rondar / to court
ropaje *m.* / dress, costume
rosado / pink; rosé (*wine*)
rotura / break
roszar / to border on
rudo / crude, coarse
ruedo / bullring
ruido / noise
rumbo a / bound for

(a) sabiendas / deliberately
sabio / wise, learned
sabor / taste, flavor
sabroso / succulent, tasty
sacar / to pull out; take out
sacerdote / priest
salchicha / sausage

saldar / to settle, sell out
saltar / to jump, skip
saltear / to sauté
salud / health
salvaje *m.f.* / savage
sangría / a wine drink
sartén *f.* / frying pan
sastre / tailor
seguir / to follow
según *prep.* / according to
seguro / sure
semana / week
sembrador / sower
semejanza / similarity
semilla / seed
sencillez / simplicity
sensatez / good sense
sentido / significance
sentir / to feel
señal / sign
(de) serie / stock
servidumbre / servants; servitude
seta / mushroom
siglo / century
signa / slogan
siguiente / following
sillón / seat, armchair
simpatía / fondness, liking
sindicar / to unionize
sindicato / syndicate; labor union
sinrazón / injustice; want of reason
sinsabor / displeasure; trouble
siquiera / at least; although
soberano / sovereign; superb
sobrar / to exceed
sobre todo / above all
sobrero / extra (*bull*)
sobresaliente / excellent
sobrevivir / to survive
socavar / to undermine
soler / to be accustomed to
soltero / bachelor
sombra / shade
someterse / to yield; surrender
son / sound

sondaje / probing; poll
sonriente / smiling
sonrosado / rosy
soñador / dreamer
soportar / to tolerate, bear
sorteo / drawing
sospechar / to suspect
sostén / support; brassiere
suavidad / smoothness
súbito / sudden; unexpected
sublevar / to incite to rebellion
subvenir / to provide
suceder / to happen
suceso / event
sucio / dirty
suculento / succulent; tasty
suela / sole; sole leather
suerte / luck
sufrir / to suffer
sujetar / to subject
sujeto / type, dude
(en) suma / in short
suministrar / to supply; provide
(a lo) sumo / at the most
superar / to surpass, excel
súplica / petition, request
suplir / to substitute
suponer / to suppose; signify
suprimir / to suppress
surgir / to arise; come forth
suscribir / to endorse
sustento / sustenance; food
sutil / subtle; keen

tablero / board; panel
tacañería / stinginess
taco / billiard cue
tal cual / such as
talla / size
taller / workshop
tal vez / perhaps
tambor / drum
(estar al) tanto / to be informed
(por lo) tanto / therefore
tardar / to be late

tarea / task, job
tasa / appraisal; rate
tecleo / fingering (*mus.*)
techo / ceiling
tejano / Texan
tejido / fabric
tele / T.V. (*television*)
televisor / television set
temblor / quivering, shaking
temor / fear
templado / well-tempered
temple / temper, character
tenaz / firm, strong
tendal / awning; canvas
tender a / to tend to
tener que ver con / to have to do with
teñido / dyed
terrorífico / frightful
terso / smooth, glossy
tesoro / treasure
testigo / witness
tino / knack, feel
tinto / red; red table wine
tirar / to pull, throw, hurl
tocado / hairdo
toldo / canvas cloth
tope / limit
(en) torno / around
torrezno / rasher (*slice of bacon*)
tortilla / omelet
torvo / grim, stern
traeres *m.pl.* / adornments, finery
traje / dress, suit
trámite / step, procedure
trampa / trap
trance / critical moment
transcurrir / to pass, elapse
transido / full of anguish
trasero / back, rear
trasladar / to transfer
trastorno / disturbance
tratar / to treat; deal with
trato / treatment, manner
trazar / to outline; design
trenza / braid

tristeza / sadness
triunfador / victor, winner
tronante / thunderous
trotamundos / globetrotter
trozo / piece, bit
truco / trick
trucha / trout
trueno / thunder
tugurio / hovel, hut

unos cuantos / a few
untar / to anoint; smear
untuoso / greasy
utilidad / usefulness

vacío / emptiness
valer / to be worth
valía / valor
varón / man, male
veintena / twentieth; twenty
vejete / little old fellow
vela / sail
vencer / to win
veneno / poison

ventaja / advantage
veranear / to summer
vergonzoso / embarrassing, shameful
verídico / truthful
vestimenta / clothes
veteranía / long service or experience
(a la) vez / simultaneously
(de) vez en cuando / once in awhile
vicaría / vicarage
vigente / in force
vigilar / to watch over
villanía / villainy, lowliness
visto bueno / an O.K.
vistoso / showy
vocablo / word
volante / steering wheel
voluntad / will
vuelta / turn

ya que / since, inasmuch as

zahurda / pigpen
zanahoria / carrot
zumo / juice